PATRICIA TELESCO

# UNA DIOSA EN MI BOLSILLO

*Más de 100 hechizos, encantamientos,*
*e invocaciones para todos los problemas cotidianos*

Si este libro le ha interesado y desea que le mantengamos informado
de nuestras publicaciones, escríbanos indicándonos qué temas son
de su interés (Astrología, Autoayuda, Ciencias Ocultas, Artes Marciales,
Naturismo, Espiritualidad, Tradición) y gustosamente le complaceremos.

Puede consultar nuestro catálogo en: www.edicionesobelisco.com

**Colección**
UNA DIOSA EN MI BOLSILLO
*Patricia Telesco*

1.ª edición: octubre de 2007

Título original: *Goddess in my pocket*

Traducción: *Natalia Labzovskaya*
Maquetación: *Olga Llop*
Diseño de cubierta: *Enrique Iborra*

© 1998, Patricia Telesco
(Reservados todos los derechos)
© 2007, Ediciones Obelisco, S.L.
(Reservados todos los derechos para la presente edición)

Edita: Ediciones Obelisco, S.L.
Pere IV, 78 (Edif. Pedro IV) 3.ª planta 5.ª puerta
08005 Barcelona – España
Tel. (93) 309 85 25 – Fax (93) 309 85 23
E-mail: obelisco@edicionesobelisco.com

Paracas, 59
C1275AFA Buenos Aires – Argentina
Tel. (541-14) 305 06 33 – Fax (541-14) 304 78 20

ISBN: 978-84-9777-411-6
Depósito Legal: B-43.680-2007

*Printed in Spain*

Impreso en Novoprint (Barcelona)

*A la Diosa.*
*En tus gotas de rocío y luz de estrellas*
*hallé la esencia de la verdadera magia*
*que me crece en el corazón.*


*También:*
*A Jeremy, Samantha y Karl, con amor.*

# INTRODUCCIÓN

Un poco en nuestro propio bolsillo es mejor
que mucho en la bolsa de otro.

MIGUEL DE CERVANTES

¿Has sentido alguna vez que podrías utilizar en tu vida un poco de magia? ¿Para estimular tu vida sexual o para disminuir el estrés diario? ¿Para reorganizar el caos o hacer el balance de tu chequera? ¿Para atraer amantes o ahuyentar problemas peliagudos? Piénsalo: todos tenemos a nuestra disposición un mundo lleno de magia moderna, tenemos una diosa en el bolsillo, por así decirlo. Sólo tenemos que aprender cómo llegar a nuestro propio interior y extraer su sagrada energía.

La clave para lograrlo es dejar de pensar que la espiritualidad es algo reservado a funerales, bodas o prédica de puerta en puerta. Nuestra naturaleza espiritual, esa diosa interna, nos acompaña siempre. Si se lo permitimos, esta diosa puede llegar a ser una poderosa compañera que tomaría parte en nuestra vida.

El propósito de este libro es darte los medios necesarios para que comiences a invocar su ayuda con la magia de la Diosa en una mano y el buen sentido del humor en la otra.

No es nada nuevo que se acuda a la Diosa en busca de comprensión o potenciación personal. Esto se ha venido haciendo siempre desde que la humanidad recurrió a la fe como medio de resolver los problemas y misterios de la vida. Desde asegurar abundantes cosechas y curar resfriados, hasta establecer relaciones entre enamorados a primera vista, nuestros antepasados utilizaban cualquier medio a su alcance —material o místico— para mejorar su calidad de vida.

Aunque los tiempos han cambiado, seguimos necesitando, igual que antes, la ayuda de la Diosa. Por suerte, su tradición de magia sigue con nosotros, para recordarnos que un hilo divino conforma nuestra vida y la mantiene unida incluso cuando las circunstancias tratan de separar las hebras. Más aun, este hilo no es intangible ni incognoscible; está dentro de cada ser humano en espera de ser redescubierto.

¡No lo dudes! Cada uno de nosotros es parte de la Diosa. ¡Sí, también tú lo eres! Por la mañana, cuando una se mira en el espejo por primera vez, puede parecer difícil, si no completamente absurdo, pensar que se es divina o mística. Abrirse paso entre el tráfico, cambiar pañales, administrar presupuestos, correr a poner la cena sobre la mesa, nada de esto nos hace sentir particularmente divinas o iluminadas. Sin embargo, hasta cepillar los dientes puede resultar mágico si lo permitimos (¡considera el potencial simbolismo de un hechizo enfocado a solucionar una situación difícil!). A primera vista esto puede parecer difícil de alcanzar, ¡pero es precisamente la familiaridad lo que energiza tu magia! El ser capaz de reconocer de inmediato el simbolismo ayuda a dirigir a voluntad la energía mágica. Y no subestimes el poder del humor. La alegría es una de las magias más increíbles de la tierra.

La mayoría de las personas, con unos cuantos consejos, podrían usar una pequeña guía para encontrar en sí mismos a la Diosa y activar su energía con eficacia en los quehaceres diarios. Es en esto precisamente donde este libro puede resultar de ayuda. Si deseas recuperar el control sobre tu vida haciendo uso de reinos metafísicos, o si simplemente quieres salpicar tu día con un poco de brillo mágico, toma esta guía. En ella encontrarás docenas de amuletos, encantamientos y otros poderosos accesorios para hacer que la vida sea un poco más feliz, un poco más fácil y mucho más divertida.

¡Muchos éxitos!

# LLEVANDO LA MAGIA DENTRO

Apunta al Sol. Es posible que no lo alcances,
pero tu flecha volará mucho más alto que si apuntas
a un objeto situado en tu mismo nivel.

J. HAWES

«*¿Quién, yo?*» Ésta es la respuesta más común que recibo de las personas cuando les digo que la verdadera magia y la chispa de la Diosa ya se hallan dentro de cada uno de nosotros. Las llevamos dentro todo el tiempo. Es parte de lo que hace que cada persona sea maravillosamente peculiar y única. Esto significa que el factor más importante para hacer que la magia sea eficaz dondequiera y en cualquier momento, no es una túnica «último grito» o adornos de cristal. Lo eres *tú misma*. Está bien, respira hondo y deja que esta revelación te cale. En cuanto te recobres del sobresalto y comprendas que la verdadera magia se halla dentro de ti, te resultará mucho más fácil aprender a utilizar el poder mágico.

Hallar maneras de emplear la magia en cualquier situación es algo tan antiguo como el mundo, una tradición iniciada por personas que no disponían de un comercio local de alimentos precocidos para las necesidades cotidianas. Así, cuando alguien tenía dolor de cabeza, en vez de comprar aspirina, invocaba el poder de la Diosa por medio de un hechizo, un filtro de poder o una hierba recolectada durante el menguante de la luna: se consideraba que utilizar una hierba recolectada durante el menguante disminuía el dolor.

Pocos tenemos tiempo para rituales que duren horas o para elocuentes invocaciones, pero esta sencilla magia, que funcionó con eficacia durante siglos, podría servirnos a todos.

La hechicería de los antiguos comprendía con frecuencia la confección de amuletos, talismanes y encantos que aumentaban el poder de quien los llevaba o le daban protección.

Uno de éstos, que todavía se usa, es la pata de conejo para la buena suerte. Otros ejemplos de la hechicería de los antiguos son el uso de determinados colores y esencias o la repetición de acciones supersticiosas para controlar los aparentemente insensatos caprichos del destino. Y si alguien piensa que hemos superado tales cosas, que preste atención a las prácticas modernas de aromaterapia y cromoterapia, o a aquellos de nosotros que tocamos madera o cruzamos los dedos para la buena suerte, por si acaso.

Puesto que la magia de la Diosa no está a punto de desaparecer ni mucho menos (es una señora persistente), este libro hace las veces de guía para confeccionar un moderno botiquín metafísico: confeccionar hechizos, elegir aderezos y activar minirrituales para llenar nuestra vida de energía metafísica independientemente de dónde pudiéramos estar. En este capítulo te familiarizarás con estos medios y técnicas, así que podrás diseñar a tu medida cualquier procedimiento mágico que dé respuesta eficaz a tus necesidades y objetivos. Mientras leas, recuerda que la magia que se trata aquí comienza en tu mente y en tu corazón, con la fe en que tú realmente tienes el poder de cambiar tu vida.

## ¡Pienso que puedo, pienso que puedo!

Antes de proyectar cualquier procedimiento mágico, necesitas desprenderte de las tendencias a dudar de ti misma, que pueden conducir a que te des por vencida de antemano. De hecho, las frases «No puedo» o «No estoy segura» no forman parte del lenguaje de la Diosa. Una cosa es reconocer nuestros límites y otra completamente diferente es crear límites basándonos en la residual angustia de la adolescencia o en inseguridades de adultez. Demasiadas de nosotras subestimamos el poder de manifestar cambios tangibles que tienen la mente y el espíritu humanos.

Para que la magia sea una realidad y no mera ilusión tenemos que aceptar que en la vida y en nuestra propia mente hay mucho más que las supuestas «verdades» concretas. La magia es parte de lo inmaterial, que se manifiesta, como podemos ver, en esos momentos e intuiciones milagrosas que desafían toda explicación racional y práctica. Hace mucho tiempo ya que deberíamos creer en nosotras mismas como poderosas forjadoras —conjuntamente con la Diosa— de nuestro destino. Necesitamos también comenzar a actuar basándonos en esta convicción.

¿Te acuerdas del «pequeño motor que pudo»? Si crees que puedes, realmente ¡puedes! Ten un poco de esa fe infantil y hallarás la magia de la Diosa en el tesoro de tu corazón, esperando que le abras la puerta.

## Un bolsillo lleno de milagros

El hecho de que la magia comience con la fe infantil no significa en absoluto que las previsiones lógicas, adultas, no tengan cabida en la metafísica. Los procesos concientes del pensamiento racional ayudan en la planificación mágica, en primer lugar, evaluando la situación básica. ¿Qué es lo que sucede? ¿Qué es exactamente lo que deseo? ¿Qué tipo de procedimiento mágico es el más conveniente para alcanzar mi objetivo sin excitar la superactiva imaginación de los vecinos? ¿Qué componentes simbólicos puedo utilizar para llevar a cabo el procedimiento?

Es difícil responder estas preguntas sin conocer primero con exactitud lo que conlleva cada proceso. Es aquí donde nos ayudará esta sección, que contiene descripciones, ordenadas alfabéticamente, de los objetos y las técnicas descritos en este libro.

Familiarízate con ellos, así, cuando vayas a sacar la energía de la Diosa del bolsillo sabrás con exactitud de qué procedimiento has de valerte y cómo utilizarlo con eficacia.

## AMULETO

Un amuleto es un resguardo, o sea, algo que se lleva como remedio o protección contra el mal. Los amuletos antiguos más comunes eran piedras, metales, cuero o plantas con palabras, frases o imágenes especiales escritas o grabadas en ellos. Un ejemplo moderno es la medalla de san Cristóbal, que los viajeros siguen usando para su protección. Otro ejemplo son las dos partes de la monedita de Mitzpah. Cada uno de los amantes lleva una mitad de la monedita para que los proteja mientras están separados y fortalecer su sentimiento.

Según los entendidos de antaño, los amuletos trabajaban mejor al ser confeccionados de acuerdo con el signo lunar propicio, la hora y el día de la semana adecuados, etc. Esto puede resultar engorroso para la gente moderna que trabaja a diario. Por eso sugiero que confecciones amuletos cada vez que así lo desees y que te atengas a momentos simbólicos cuando tus ocupaciones te lo permitan. Aunque es cierto que esta adecuación temporal proporcionará una nueva dimensión a tu metodología mágica, y la recomiendo periódicamente en este libro, no dejes que te limite. El hecho mismo de hacer un amuleto es mucho más importante que el momento exacto en que se haga.

## CARGAR

Cargar es un modo de activar el potencial mágico latente de cualquier objeto para una meta específica, ¡y para hacerlo no necesitas tener una tarjeta Visa o MasterCard! Este proceso es muy similar al de cargar a una batería. Sitúa un objeto a la luz de la luna, a la luz solar, en el agua o en la tierra fértil para que reciba la energía procedente de este medio. La luz lunar es una buena elección para la concentración mágica de una naturaleza intuitiva, mientras que la luz solar posee un principio consciente, activo. El agua es relajante, refrescante y curativa; la tierra es de sólidos fundamentos y tiene que ver con el crecimiento. Aunque existen en la magia otras maneras de potenciar objetos, estas cuatro suelen ser universalmente eficaces para cualquier encantamiento, amuleto, talismán o fetiche que puedas diseñar.

## ENCANTAMIENTO

El encantamiento puede ser una de estas dos cosas. Primero, puede ser una palabra o un símbolo potenciado que evoque una respuesta mágica, con frecuencia en asuntos de amor.

A menudo, esta forma de encantamiento se pronuncia como un conjuro, y toma su significado de la palabra latina *cantare*, que significa cantar.

No es difícil hacer una remodelación de los encantamientos tradicionales. La mayoría de las personas ya comprenden el poder de las palabras. Sólo tenemos que aprender a dar a nuestro discurso una potencia mágica específica. Considera el efecto que las palabras airadas producen en el oyente. Esto se debe a que las propulsa una energía real. Al trabajar en encantamientos verbales piensa en esta clase de poder, pero sin su carácter negativo.

Un encantamiento puede ser también muy similar a un amuleto, que es un objeto que las personas llevan consigo para mejorar su suerte y alejar el mal. ¿Te has preguntado alguna vez para qué eran todos esos dijes que cuelgan de los brazaletes encantados? Bueno, ¡ahora ya lo sabes! Algunos ejemplos son un diminuto corazón para el amor, un ancla para la seguridad o salvación en el mar, zapatitos de bebé para la fertilidad y un trébol para la buena suerte.

A mi entender, la mejor manera de hacer un encantamiento es combinar las dos definiciones: comienza con un objeto que simbolice tu deseo y después fortalécelo con la energía mágica, utilizando palabras y frases, tales como cánticos y conjuros.

## FETICHE

A diferencia de las obsesiones y fijaciones en que pensamos generalmente cuando hablamos de fetiches, los fetiches mágicos nada tienen que ver con desviaciones sexuales, a no ser que sean concebidos con este propósito. En la magia, los fetiches se relacionan íntimamente con los encantamientos y toman su nombre de la palabra latina *facere*, que significa «hacer».

Un fetiche puede ser cualquier objeto natural o creado que provoca una fuerte respuesta emocional, sobre todo un sentimiento de que el objeto representa o posee un gran poder.

Por ejemplo, cuando un policía te detiene y te enseña su placa, la reacción natural es preguntarte qué infracción has cometido. La placa representa una autoridad o poder que suscita una inmediata respuesta emocional. En lo mágico, puede tratarse de una estatuilla de la Diosa o algún otro objeto significativo que se utilice en rituales o como foco de hechizo para invocar energía divina.

## ENCANTO

Un encanto, que toma su significado de la palabra latina *incantare*, «cantar una fórmula mágica», es precisamente una fórmula mágica verbal o mental que especifica tu deseo a la Diosa. Los encantos concentran la energía de un hechizo o ritual y, a veces, invocan espíritus o a la Diosa en busca de ayuda.

Los conjuros verbalizados viabilizan la energía de nuestras intenciones a través de tonos y vibraciones. Cuando las conveniencias no lo impiden, no hay nada malo en recitar mentalmente las palabras de un hechizo. Afrontémoslo: ¡la mayoría de nosotras no podemos empezar a cantar sin más ni más en la oficina o delante de nuestra abuela!

En los textos históricos, muchos encantos riman. La rima ayudaba a las personas analfabetas de entonces a memorizar el hechizo (por medio de la tradición oral), pero esto no es necesario para que el hechizo funcione. Así que cuando vayas a crear tus propios encantos, ¡no te preocupes si no puedes producir versos al estilo de Shakespeare, o siquiera unos que rimen! Lo más importante en un encanto es que ayuda a concentrarnos en la magia, esto es lo esencial, y que guía la energía hacia su objetivo.

## INTERIORIZACIÓN

Interiorizar la energía de un hechizo significa aceptarla como parte de nuestra vida y nuestras acciones diarias. Cuando trabajes la magia para el amor, comienza por esperarlo y por amarte a ti misma; cuando trabajes la magia para la alegría, haz cosas que puedan propiciar ese espíritu despreocupado, como ver películas cómicas.

Mi manera personal favorita de interiorizar cualquier magia consiste en crear componentes comestibles. ¡De este modo verdaderamente «se es lo que se come»! Y de nuevo, como «bruja de cocina» combativa que soy, estoy a favor de cualquier buena excusa para preparar comidas mágicas tentadoras. ¡Es divertido, sabroso y alimenticio!

## INVOCACIÓN

Invocar significa pedir ayuda, específicamente la ayuda de la Diosa, por medio de una plegaria. No dejes que la idea de la plegaria te desazone. No es más que una solicitud sincera que le diriges a la divinidad. Así que deja de pensar en la Biblia o en las frases que comienzan con las palabras «en verdad» y, con toda sencillez, *háblale* a la Diosa. Le importa mucho menos lo que se le dice que por qué se le dice. Utiliza el argot, el rap, o cualquier otra forma de comunicación que sea la más funcional para ti.

## MEDITACIÓN Y VISUALIZACIÓN

La meditación y la visualización suelen trabajar juntas en el marco de la magia. La meditación es una manera de reflexionar en algo profundamente y repasarlo en la mente una y otra vez, por completo, desde todos los puntos de vista posibles.

La visualización agrega una segunda dimensión a este proceso. En la visualización, la persona imagina todas las circunstancias de un determinado tema, convirtiéndolo en una especie de película mental. Muchas personas consideran que de esta manera logran ganar una distancia emocional y, por lo tanto, comprender mucho mejor lo que está sucediendo.

En lo que se refiere a los fines de este libro, la meditación y la visualización dirigen más específicamente la energía de un hechizo. Imagínate que estás tensando un arco espiritual y que las flechas con que apuntas son pensamientos. La magia funciona por medio de la fuerza de voluntad; la meditación en combinación con la visualización afila esta voluntad, la concentra intensamente y luego ayuda a liberar el poder para alcanzar tu objetivo.

### HECHIZO

La palabra inglesa para el hechizo es *spell, spelung* en el anglo-sajón antiguo, que significa girar, volver o cambiar. Mágicamente hablando, los hechizos se utilizan para cambiar la dirección de la energía vital que existe en todas partes alrededor de nosotros, y entonces activarla para alcanzar un determinado objetivo. La mayoría de los hechizos incluyen algún tipo de encantamiento (o plegaria) escrito o verbal que potencia y dirige la magia. Cuando no te resulte posible cantar o escribir, concéntrate simplemente en los detalles del propósito del hechizo.

A diferencia de lo que sucede en *Macbeth*, entre los componentes de hechizos que se tratan en este libro no encontrarás lenguas de rana ni ojos de tritón. El «bolsillo mágico» utiliza ingredientes fácilmente disponibles en tu espacio vital, en el supermercado, o entre lo que llena los estantes de las tiendas New Age. ¿Por qué? Porque la utilización de ingredientes desconocidos en el proceso de hechizar obstaculiza el flujo de la magia. ¡Mientras más significado tenga para ti cada componente, tanto mejor funcionará!

## TALISMÁN

Al igual que los encantamientos y amuletos, un talismán protege a su portador de la mala suerte. El talismán es una figura que se crea en condiciones astrológicas propicias a fin de energizarla con un propósito determinado. Con frecuencia, esta figura se hace de metales y piedras compatibles para aumentar su poder. Ya que esto podría ser muy difícil a no ser que conozcas a algún grabador o tallista, muchos talismanes que sugiere este libro consisten en símbolos escritos o pintados sobre papel o tejido.

A lo largo del libro doy ejemplos de talismanes que sirven para lograr numerosas necesidades y metas, así como procedimientos para crearlos. Aun así, te animo insistentemente a utilizar tu visión y creatividad personales como guía para la confección de tu propia magia portátil.

En este proceso, creo que hallarás que, intuitivamente, sabes sobre la magia de la Diosa mucho más de lo que podrías haber pensado. Así que ¡vuelve al revés tus bolsillos y mira las sorpresas que contienen!

## Juntándolo todo

Una vez que tengas decidido qué objeto o técnica le conviene mejor a tu objetivo mágico, puedes comenzar el proceso de elegir y reunir tus ingredientes. Imagina que estás preparando una ensalada mística. Vas a mezclar diversos elementos para confeccionar un combinado satisfactorio y poderoso utilizando a guisa de aderezo la magia de la Diosa.

Los elementos potenciales que puedes utilizar en la magia de bolsillo son casi infinitos. Pero cuando te falten ideas, consulta las sugerencias que se ofrecen en este libro en la sección «Componentes alternativos». Éstos, combinados con los hechizos de muestra y la información que les sigue, han de inspirar tu imaginación cuando vayas a elegir componentes para la magia personalizada.

### SUSTANCIAS AROMÁTICAS, HIERBAS, FLORES Y ÁRBOLES

Hay muy poco, si es que queda algo, en este planeta que no haya sido utilizado al menos una vez con fines mágicos. Nuestros antepasados creían que la naturaleza actuaba como un espejo de la Diosa: que podían descubrir su reflejo y poder en el mundo y en ellos mismos si miraban con suficiente atención. Estoy totalmente de acuerdo.

La naturaleza nos provee con las más diversas herramientas que pudiéramos desear. En el bolsillo mágico, las sustancias aromáticas mejoran nuestro estado y concentración mental al estimular sutilmente nuestra conciencia perceptiva con sus esencias.

Elementos vegetales pueden convertirse en componentes de hechizos, amuletos, encantamientos, fetiches y varitas mágicas para dirigir tu energía, o incluso en medios de adivinación.

En otras palabras, cualquier cosa natural va con la magia como el pan va con la mantequilla. Sólo asegúrate de que el valor simbólico del ítem se corresponda con tus intenciones. ¡No vayas a utilizar una planta asociada al alejamiento cuando estés confeccionando hechizos de amor!

El simbolismo que asocies a un aroma, una flor, una especia o un árbol puede provenir tanto de las correspondencias tradicionales que ofrecen los textos mágicos como de tu experiencia personal. Creo que esto último es preferible, pero algunas personas se sienten más seguras si se dejan guiar por opiniones de «expertos». Nuevamente, hazlo de la manera que te sientas más cómoda.

## MAGIA CROMÁTICA

La psicología ha demostrado que el color afecta tremendamente a los seres humanos. En el bolsillo mágico, los colores simbolizan intenciones. Los colores actúan metafísica y mentalmente como una llave de entrada en nuestro subconsciente, nuestra voluntad e incluso nuestro superconsciente (la naturaleza espiritual que nos vincula y comunica con los poderes superiores), reforzando y concentrando la energía de un modo más específico.

El uso de colores simbólicos para la magia de bolsillo no es indispensable, aunque sí resulta de gran ayuda y es maravillosamente discreto. Por ejemplo, aunque tal vez no puedas llevar públicamente en la oficina una bolsita-fetiche diseñada para aliviar el estrés, sí puedes ponerte una camisa azul bendecida a propósito y que representa la paz y la tranquilidad. En este caso, ¡la ropa sí hace la persona!

Al elegir un color, analiza cómo te hace sentir y qué palabras te vienen a la mente de inmediato cuando lo ves. El color rojo suele representar energía, fuerza y vitalidad. El azul, reposo y despeje de problemas. El anaranjado, cosecha y amistad. El amarillo, creatividad y funciones mentales. El blanco, protección y pureza. El verde, crecimiento y curación. El púrpura, espiritualidad y liderazgo.

## CRISTALES, PIEDRAS Y MINERALES

En nuestros días es difícil entrar en un comercio por departamentos sin ver colgantes de cristal, sujetalibros de geoda, y cosas por el estilo. La fascinación por todo tipo de piedras, desde luego, no se ha limitado a esta década, ¡basta tan sólo con echar una mirada a las piedras preferidas de los años setenta o al Lenguaje de las Piedras de los ochenta! Independientemente del período temporal en que hayan vivido, los seres humanos siempre han amado su bisutería. En la magia, en vez de darles un uso decorativo, hacemos que estos trocitos de tierra trabajen para nosotros.

Los cristales tienen una capacidad natural para almacenar energía (el cuarzo es el principal ejemplo). Por eso pueden utilizarse en hechizos, encantamientos, amuletos, talismanes y fetiches, con tantas aplicaciones diversas como otros objetos naturales. Existe una gran variedad de piedras, conchas, metales y minerales, cada una con sus correspondencias mágicas, pero el color y la forma de cada cual proporciona de inmediato cierto simbolismo potencial. Por ejemplo, una piedra roja que tiene una forma parecida a un corazón sería de uso óptimo en un encantamiento para mejorar relaciones, mientras que una concha de mar de tonalidades azules podría ser cargada de energía para ayudarte a «ir con la corriente» o «salir a flote» en una situación difícil.

## ALIMENTOS Y BEBIDAS

Alimentos y bebidas pueden utilizarse en altares como ofrendas a la Diosa. Puesto que los ingredientes de éstas y aquellos poseen con frecuencia asociaciones mágicas, no es sorprendente que los magos de bolsillo preparen filtros de amor, improvisen ensaladas para atraer dinero u horneen pan providencial. La única diferencia entre esto y disponer una cena familiar consiste en la manera en que se preparan los alimentos y las bebidas y qué significado tienen para ti mientras se consumen.

Además de interiorizar tipos específicos de energía mágica a través de la digestión, los alimentos y las bebidas encantados pueden, de diversas maneras, convertirse en magias portátiles. Seca, conserva, enlata, congela o embotella algunos y disfruta de su magia más tarde, cuando lo necesites. O empaqueta tu magia para un picnic o almuerzo potenciador.

## SÍMBOLOS

Mágicamente hablando, un símbolo no es menos poderoso que aquello que representa. Desde el momento que vayas a ponerte o llevar contigo de manera visible algunos de ellos, querrás que tus símbolos mágicos elegidos sean significativos desde el punto de vista personal y, a la vez, lo más agradables posible desde el punto de vista público.

Si un símbolo te hace pensar de inmediato en tu meta o necesidad, es una buena elección, sea o no un símbolo mágico en el sentido tradicional. Por ejemplo, pensamos con frecuencia en la cruz roja como algo que tiene que ver con el bienestar de las personas a causa de la organización a la que representa. Así, una cruz roja podría llegar a ser parte de un talismán para la salud bordado en punto de cruz, cada uno de cuyos nudos adicionaría energía a la prenda. O, más simplemente, si una mujer no se siente muy bien, puede dibujar una cruz en el área adolorida con un esmalte rojo para uñas o con un creyón de labios, y después lavarla, para así eliminar de manera simbólica la enfermedad.

## ELECCIÓN DEL TIEMPO

De la misma manera que veneramos la naturaleza por ser la representación del poder de la Diosa, miramos el cielo como representación de sus cualidades. Diversos signos astrológicos, cada fase lunar, cada día de la semana y cada hora del día pueden tener su influencia en el procedimiento mágico para el bien o para el mal, según los atributos que enfaticen. Por ejemplo, se considera que la luna en menguante es un buen período para crear ítems mágicos para eliminar lo negativo, para que la energía maligna se desvanezca como la luna. Por el contrario, un hechizo hecho durante la luna creciente o luna llena trae crecimiento positivo y madurez.

Hoy en día todo el mundo anda tan ocupado que resulta muy difícil seguir pautas precisas en la elección del tiempo. Si tienes un margen de flexibilidad en tu horario y si no te ves demasiado presionada por la necesidad, te sugiero que consultes un buen calendario astrológico para que te ayude a elegir el tiempo para tu magia. Si no es así, deja que te guíen la voz interior y la urgencia.

## ÍTEMS VARIADOS

Aquí se incluyen todas las maravillas de la tecnología y las interesantes aportaciones a nuestra vida que los antiguos ni siquiera hubiesen podido imaginar. Por ejemplo, toma una presilla para papeles. Nunca hemos leído que los egipcios hubiesen tenido «presillas para papiros» entre sus símbolos mágicos. Pero si las presillas para papeles hubiesen sido inventadas en aquel entonces, ¡puedes estar segura de que un bolsillo mágico creativo les hubiera dado uso para simbolizar conexiones y persistencia!

Es aquí donde tu magia puede ser realmente creadora. Utiliza grapas del botiquín médico para mantener una relación, o dos mitades de un corazón unidas con un pegamento para producir devoción. ¡Las posibilidades son tan infinitas como tu imaginación!

## LA DIOSA

Como patrona mágica de este libro, la Diosa es esencial para todo cuanto deseamos alcanzar. En cada sección de este libro cito nombres de diosas de diversas partes del mundo y analizo los atributos mágicos de cada una de ellas en un ambiente mágico. ¿Por qué? Porque la Diosa representa la fuerza vital creadora del universo, una de cuyas partes energiza y guía la magia.

Como «hijos prodigio» que somos de esta fuerza creadora, mientras más nos conectamos con la Diosa en el plano externo, tanto más fácil nos resulta ver que también internamente somos portadores de su poder. Y a partir de este asombroso descubrimiento, sólo un pequeño paso nos separa de ver cómo nuestra vida se transforma, al parecer, milagrosamente. El asombro que sentimos a causa de esto no constituye una falta de fe en la magia de la Diosa o en nuestras capacidades personales. Es natural que nos sentamos sobrecogidos cuando todo «funciona»: es en el sobrecogimiento ante la Gran Diosa, en el sobrecogimiento ante su destello en nuestro interior, y en el sobrecogimiento ante la magia creada cuando el factor humano y el factor divino se combinan armoniosamente.

Además de todos estos elementos, no olvides utilizar razonables dosis de sentido práctico y visión personal. Si tienes una imagen diferente de la Diosa que deseas invocar, otros componentes que deseas usar u otra manera de alcanzar los mismos fines mágicos que son importantes para ti, ¡pues hazlo así! Hay un viejo refrán que dice: «Lo que no está roto, no se arregla». Simplemente haz lo que mejor funcione para ti.

## Botiquín mágico de bolsillo

En el comienzo de este capítulo hablé de hacer una especie de botiquín mágico. Como vivimos en una sociedad muy móvil, es bueno tener un botiquín pequeño, portátil, repleto de componentes que nos resulten provechosos. Así, detente en un comercio de artículos de segunda mano y busca una pequeña maleta, un estuche para cosméticos, una caja para herramientas u otro recipiente provisto de compartimentos o al que tú puedas agregárselos con facilidad.

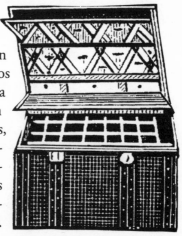

Llénalo con cuantas cosas te parezcan buenas para la magia y guárdalo en tu coche, en un bolso, en un portafolio, en una maleta, o en cualquier otra parte. De este modo, cuando las circunstancias no te ofrezcan ingredientes convenientes a tu magia, siempre podrás sacar lo que necesites de tu bolsillo (o de tu portafolio), sin grandes dificultades.

## Ayuda y consejos

Después de practicar la magia durante una buena década, he reunido algunos vislumbres y pautas que ayudarán a que tus esfuerzos mágicos sean más exitosos y satisfactorios. Ante todo, lo que no se debe hacer:

No trates de hacer magia si te sientes fatal, enfadada o cansada.

No trates de manipular el libre albedrío de nadie. Por tentador que pueda parecer, los resultados no serán duraderos ni te harán feliz.

No hagas magia para nada que no estés dispuesta a fomentar diariamente de hecho y de palabra (en otras palabras, si es «hablar por hablar» o «hacer por hacer»).

Y, por último, no creas que la magia vaya a manifestarse exactamente tal y como esperabas. El Universo tiene un sentido del humor malicioso y un punto de vista totalmente diferente del nuestro acerca de lo que es mejor para nosotros.

## POR OTRA PARTE

Haz todo lo que puedas en el nivel mundano si puede ayudarte a alcanzar tus metas mágicas.

Individualiza tu magia y comienza por usar como componentes artículos personales.

Repite procedimientos mágicos cada vez que sientas el deseo de potenciar tu vida y refuerza toda magia «con obras».

Y lo último, aunque no lo menos importante: cree en ti misma y en tu capacidad de invocar a la Diosa.

## ¡ZAS! ¡HE AQUÍ LA MAGIA!

# MAGIA EN EL HOGAR

Sin corazones, no hay hogar.

LORD BYRON

Una choza, un hotel o una casita flotante, tu hogar debería ser tu castillo. Si no lo es hay que salpicarlo con un poco de magia. Entre todos los lugares donde la Diosa puede manifestarse, es en tu hogar donde realmente puede resplandecer sin ayuda de pulimento para muebles. Cada parte de tu espacio vital tiene potencial mágico. ¿Te interesa saber qué pasa con tu sala de estar? ¡Pues utiliza la pantalla del televisor a guisa de bola de cristal (pero desconéctalo primero)! Y las alfombras, ¡metafísicamente hablando, oculta tus problemas debajo de ellas!

Uno de los chistes mágicos favoritos en mi casa tiene que ver con el baño caliente. Cuando alguien viene por primera vez y se encuentra con Trish la bruja, solemos ofrecerle la bañera caliente como muestra de hospitalidad. Algo más tarde, cuando todos están relajados, hago mi aparición con un puñado de vegetales mixtos, una cuchara de madera y ¡una solapada sonrisa! ¿Da el conjunto un significado completamente nuevo al burbujeante baño, eh? Y es que de haberlo deseado, la bañera caliente hubiera podido ser mi caldero, exactamente como muchas cosas que te rodean en tu hogar pueden, si tú se lo permites, asumir el resplandor de la Diosa.

## Protección en la despensa

Algunos hogares se perciben como más cómodos, acogedores y «cósmicos» si tienen una protección mágica para mantener a raya lo negativo. Cuando proteges tu hogar, es una buena idea utilizar cosas que ya pertenecen a ese espacio. Así, los amigos y familiares que «no miran con buenos ojos» la magia no se darán cuenta de los ajustes.

La diosa griega Hera es una buena protectora de la despensa. Es una luchadora nata y sostiene en una mano una hoz que utiliza para proteger hogares y familias. Es también la diosa de la estabilidad y seguridad, dos cosas que la palabra *hogar* trae a la mente de inmediato.

### PERLAS DE SABIDURÍA (O SEA, CEBOLLITAS)

En remedios populares, las cebollas se utilizan para erradicar infecciones. El siguiente fetiche emplea este simbolismo para erradicar otros problemas de carácter figurativo. Toma un puñado de cebollitas perla (sin pelar) y ensártalas en un hilo de algodón. Déjalas que se sequen dándoles vuelta regularmente para que no se deformen. Cada vez que les des vuelta repite un conjuro potenciador, algo como «*En cuanto hable, que comience la magia. Lo que ordeno, que se cumpla*». Cuando las cebollitas estén secas por completo, colócalas en un saquito amarrado cerca de tu fogón.

Utiliza este fetiche cuando alguien la tenga cogida contigo o cuando haya mucha tensión en el hogar. Para activar la magia, saca una cebollita, dale el nombre del problema que estás confrontando y concéntrate por entero en tu situación. Para alejar lo negativo quema la cebollita en tu fogón o tírala a la basura.

Puedes llevar contigo una de las cebollitas cuando sales de casa, como un encantamiento para absorber maldad, ira y discordia.

## DALE SABOR

¿Quieres darle un nuevo significado a la expresión «darle sabor a la vida»? No tienes que ir muy lejos: dirígete al estante de tu cocina donde guardas las especias. Toma ejemplo de la historia: a lo largo de centurias la gente ha usado especias caseras comunes y corrientes prácticamente para todo, incluida la magia.

Para proteger tu hogar, mezcla un poco de cáscara de limón en polvo (para la limpieza), jengibre (para la energía), orégano (para el amor) y romero (para la protección) con una tacita de polvo de hornear. Se puede usar esta mezcla de diferentes maneras: salpícala alrededor de tu espacio vital en el sentido contrario al de las manecillas de reloj para disipar o alejar lo negativo, luego ve limpiándola a favor del movimiento del reloj para atraer la energía positiva; agrega la mezcla a tu agua de baño para el mantenimiento mágico regular; o colócala dentro de una almohadilla en la yacija de tu mascota, para que el animalito se mantenga sano, ¡en este caso, una ventaja adicional es que esta mezcla actúa como un eficaz desodorante!

Para convertirla en un poder portátil, espolvorea con la mezcla el interior de tus zapatos, ¡y te protegerá dondequiera que vayas!

## UN HECHIZO QUE VALE LA PENA

Hay un viejo hechizo de la magia popular que consiste en poner sal debajo de la silla de un huésped indeseado para que se vaya pronto. Puedes utilizarlo para alejar a los vendedores ambulantes espolvoreando sal en el umbral de tu puerta.

Para la magia de bolsillo: lleva un poco de sal contigo para mantener a distancia a pordioseros y fanáticos religiosos agresivos.

## HAZ LA LIMPIEZA

Nuestros antepasados utilizaron las escobas, estos implementos caseros comunes y corrientes, para hacer la limpieza y la protección espirituales. La magia moderna podría utilizar, en vez de la escoba, una aspiradora

(¡claro, es mucho más potente!): es muy simple, haz que la aspiradora extraiga, aspire lo negativo y las enfermedades para expulsarlo fuera del centro de tu hogar, y luego inviértela, desplázate hacia el interior para introducir la energía positiva.

¿Para la magia móvil? Pues lleva siempre contigo un pedacito de escoba para que te proteja.

## MONEDAS EN LOS PUNTOS CARDINALES

En magia, cada una de las cuatro direcciones cardinales se llama en inglés *quarter*, igual que la moneda de 25 centavos. Muchas personas que practican la magia mantienen símbolos en estos puntos en su vivienda para proteger su hogar y atraer hacia éste las energías de la Diosa. Para este hechizo necesitarás cinco monedas, y si son del año en que naciste, tanto mejor. Sostenlas en las manos y visualízalas llenas de una luz brillante y blanca. Repite la frase siguiente siete veces (siete es el número de cumplimiento):

*Tierra y Aire, Fuego y Mar,*
*vengan y enciendan la magia en mí.*
*Norte y Sur, Este y Oeste,*
*por el poder de Hera,*
*¡que sea esta casa bendita para siempre!*

Continúa la visualización hasta que sientas que las monedas están calientes. Coloca cuatro de éstas en sitios seguros, lo más cerca posible a los cuatro puntos cardinales en tu vivienda. Conserva la quinta como un encantamiento protector portátil para llevar contigo por todas partes un pedacito de tu hogar. Y, claro está, si es necesario, ¡en todo momento puedes utilizarla para «llamar a casa»!

## *Componentes alternativos*

Para protección y para garantizar buenas intenciones, usa servilletas, manteles y esterillas blancas. Para alejar magia malintencionada cuelga en la pared cacerolas de hierro o con fondo de cobre para que «conduzcan» la seguridad por todo el hogar. Para eliminar lo negativo, guarda en tu fregadero una piedra pómez. Todas las hierbas, bebidas y alimentos calientes, picantes, como ajo, cebolla, rábano, clavos y ron protegerán y purificarán tu espíritu desde el interior. Trébedes que representen escobas alejarán problemas.

Para eliminar dificultades, trabaja a lo largo de toda la luna menguante, los domingos, que son los días del sol (para disipar las sombras), durante el mes de enero para cargarte de energía defensiva, o cuando la luna está en Aries para armarte de valor, o en Piscis para la resistencia.

Por el contrario, si tratas de atraer energía positiva hacia tu magia, trabaja a lo largo de todo el cuarto creciente hasta la luna llena, los jueves para incrementar el poder, durante el mes de marzo para superar problemas y cuando la luna está en Libra para la armonía.

## Brujas de la cocina

Las brujas de la cocina no son precisamente esas pequeñas muñecas montadas en escobas que estás acostumbrada a ver en las despensas de alguna gente. Son personas reales que disfrutan haciendo magia literalmente de todo cuanto esté alrededor de su fogón. Nada se salva de la mirada de una creativa bruja de cocina: ¡desde los electrodomésticos y los alimentos hasta la escudilla del perro y los estantes para calderos! Esta sección dará un significado totalmente nuevo a la idea de «revolver cosas» en tu cocina.

Y volviendo de nuevo a los griegos en busca de inspiración: la diosa de la cocina es Hestia, la señora del fogón, que es el corazón de una vivienda. Hestia realmente mantiene el fuego en el hogar. Asimismo representa deber, moderación, prudencia y paciencia, las cuatro cosas que son beneficiosas para cualquier hogar.

### CORTA LAS TONTERÍAS

¿Estás cansada de estar rodeada de tantas tonterías? ¿Deseas que las personas vayan al grano en vez de estar dando la lata por gusto? Este amuleto está ideado para ayudarte.

Toma una bolsa de mercado que sea de papel y dibuja sobre ella una imagen que represente de alguna manera tu situación actual. Dobla esta imagen tres veces hacia dentro, después toma el cuchillo de cortar carne o unas tijeras de cocina y córtala en nueve pedazos, diciendo mientras lo haces:

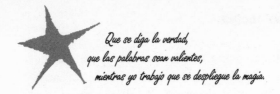

*Que se diga la verdad,*
*que las palabras sean valientes,*
*mientras yo trabajo que se despliegue la magia.*

Une los fragmentos; deja uno aparte y quema o entierra los demás. Lleva contigo el fragmento restante o colócalo en un lugar visible para que ayude a que se manifieste tu deseo. Cuando la magia cumpla su cometido, quema el último fragmento con una plegaria de agradecimiento.

## ¡ENLÁTALO!

¿Necesitas deshacerte de un molesto problema o sacar el mejor partido de una mala situación? ¡Pues enlátalo! Toma una pequeña lata vacía e introduce en ella una imagen de tu problema. Entiérrala en una maceta y planta sobre ella semillas de alguna flor. Para el momento en que la planta brote las dificultades deben empezar a menguar; para cuando florezca, todo estará bien. Entonces, seca los pétalos de las flores y llévalos contigo como un amuleto para que aquel problema no retorne.

Una alternativa ecológica a la lata puede ser una representación biodegradable de tu dificultad, como por ejemplo una imagen tallada en una patata y colocada en un montón de abono.

Entonces la naturaleza hará su cometido y descompondrá lentamente tu problema, convirtiendo la energía negativa en algo útil.

## LA VIDA SORBE LIMONADA

¿Conoces el viejo refrán que dice: «Si la vida te da limones haz limonada»? ¡Energiza esta idea con la magia! Para empezar, prepara una limonada. Cada vez que tomes un limón concéntrate en el área de dificultad y literalmente apriétala duro. No tires las cáscaras. Revuelve el jugo en el sentido contrario al de las manecillas del reloj (para eliminar lo negativo) diciendo: «*Vete, vete, vete, mala suerte, acaba de irte*». Concéntrate en tu intención de volver las cosas al revés, entonces empieza a revolver en el sentido de las manecillas del reloj diciendo: «*Mío, mío, mío, todo lo bueno es mío*». Bebe un sorbo de esta limonada tres veces al día, durante tres días; antes de hacerlo, repite el último conjuro tres veces. Esto refuerza la magia.

Guarda un trocito de la cáscara de limón seca y consérvala como parte de tu botiquín o como fetiche para protección. Tritura el resto para usarlo en un incienso mágico o en soluciones de limpieza.

## ABUNDANCIA EN AUMENTO

Cuando necesites mejoras financieras, trata de hornear pan. Comienza con la masa y agrégale espinaca y cebolla picadas, una pizca de albahaca y un poco de eneldo (todos asociados a la prosperidad). Mientras amasas, concéntrate en lo que necesites, diciendo:

*Dinero para mí, dinero para mí,
hoy exijo prosperidad.*

El hornear energiza la magia, y el comer el pan interioriza en tu vida la energía de la abundancia. Incluso si el dinero no aparece de inmediato, ¡esta semana ya no tendrás que comprar pan fresco!

Según una tradición gitana, debes guardar en tu bolsillo un trozo de este pan. Esto trae prosperidad, dicha y buena suerte.

La preparación de hierbas y el conjuro en este hechizo puede convertirlo en un hechizo para levantarte el ánimo. Para hacerlo, agrega al pan aceitunas picadas y una pizca de mejorana y di algo como esto:

*Que cese la tristeza, que se libere la alegría, que el regocijo esté libre dentro de mí.*

Lleva contigo un trocito de este pan para mantener la felicidad.

## DEPURA TUS ACTOS

Para ayudarte a abandonar un mal hábito, ¡lávalo con tu vajilla! Comienza dibujando un emblema de este hábito con lavavajillas en la mayor cantidad posible de platos, vasos y otras piezas.

Para eliminar la tendencia, lava cada objeto con movimientos circulares en contra de las manecillas del reloj mientras te concentras por completo en tu intención de cambiar tu vida. Después, empieza a hacer esfuerzos positivos para alcanzar tu meta. Repítelo tantas veces como sea preciso, o hasta que toda la vajilla esté limpia.

Para la magia de bolsillo, lleva un pequeño frasco de muestra de lavavajillas como un delicado recordatorio de tu propósito. Cuando sientas la necesidad de reforzar tu magia, utiliza este jabón para lavarte las manos, dibujando en ellas el mismo emblema; luego enjuágalas bien.

## VINO PARA DETENER EL MAL

Lo maravilloso de la magia de la cocina es que cosas que se hacen jugando muchas veces ayudan a encaminar la energía.

Toma en la mano un vaso de vino. Mira hacia el interior del vaso y nómbrale todas las causas de agravio que te aquejan en el presente. Verás que sabe escuchar muy bien.

Revuelve el vino con el dedo índice de tu mano diestra en el sentido contrario al de las manecillas del reloj, diciendo:

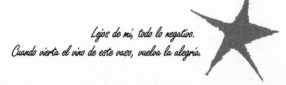

*Lejos de mí, todo lo negativo.*
*Cuando vierta el vino de este vaso, vuelva la alegría.*

Vierte las tres cuartas partes del vino en la tierra y deja que absorba toda tu irritación. Vuélvele la espalda y aléjate. No mires hacia atrás.

Echa el vino restante en una botellita, como la de las aerolíneas, y llévala siempre contigo. Cuando surjan otras pequeñas molestias, ¡podrás usar esta magia dondequiera que estés!

## EL CALDERO APAGACANDELA

Este toque de magia da continuidad a cualquier situación. Comienza con una olla de sopa. Toma los ingredientes de tu sopa favorita. Nombra a las personas o circunstancias implicadas en la situación dada mientras cortas los ingredientes y los colocas en la olla. El calor crea congruencia de afinidad entre estos diferentes aspectos o personas, mientras que el revolver la sopa en el sentido de las manecillas del reloj aporta a la situación energía positiva. Ahora, pide bendición a Hestia. Vierte pequeñas porciones de la sopa en tarros con tapa y dáselas a cada una de las personas implicadas en la situación. Mientras la tomen, interiorizarán el poder de la armonía.

## ÉSTA ES MI DESPENSA, Y VOY A SER ADIVINA SI ASÍ LO DESEO

Se trata de una adivinación que te permite ver imágenes simbólicas o literales en un medio específico como respuesta a preguntas. En tiempos antiguos, los adivinos utilizaban una bola de cristal, la superficie de un estanque o el cielo. Hoy en día, tu cocina te ofrece dos alternativas fáciles: detergente de lavar vajilla y la crema en polvo. Si vas a usar el detergente, llena de agua el fregadero y ve echando detergente en el sentido de las manecillas del reloj, mientras piensas en lo que deseas preguntar. Si vas a usar la crema en polvo, prepárate tu té o café como siempre y agrégale la crema, revuélvela también siguiendo el sentido las manecillas del reloj. Mira las formas e imágenes que se produzcan para hallar la respuesta a tu pregunta. Por ejemplo, si tu interrogante tiene que ver con negocios y percibes formas circulares, esto puede significar que para alcanzar tu meta necesitas unidad o un círculo determinado de personas.

## Componentes alternativos

Aquí, mucho depende de lo que quieras. Para el amor, utiliza prendas rojas o rosadas; para lograr paz, usa adornos de amatista, piedra lunar o turquesa. Para atraer energías específicas, pon imanes sobre el refrigerador con un símbolo apropiado, como un ojo para la perspicacia, debajo de ellos. Para un poco de buena suerte, trata de preparar un popurrí de canela. Come verduras para la prosperidad y toma jugo de frutas para la sana energía.

Trabaja en la luna llena para que las cosas se manifiesten, los sábados para obtener resultados, durante el mes de mayo para progreso y cuando la luna esté en Cáncer para sensibilidad.

## Brujerías tecnológicas

Cuando vemos las maravillas de los viajes cósmicos, la magia nos parece casi anacrónica. Sin embargo, lo que antes las personas consideraban mágico, hoy se ha hecho realidad. Esto significa que la tecnología y la metafísica pueden trabajar juntas, de común acuerdo, sobre todo para nosotras, hacedoras de hechizos «de buen tono», que jamás podríamos pasar sin nuestros juguetes modernos.

En lo referente a la brujería tecnológica, mira el ejemplo de Ayizan, una diosa haitiana. Ayizan es procreadora y protectora de la humanidad, que nos cuida y nos protege contra la magia malintencionada. También nos enseña cómo hacer y utilizar eficazmente cosas nuevas, como la tecnología, de modo ecológico y satisfactorio desde el punto de vista espiritual.

## ACELERACIÓN POR MICROONDAS

Cada vez que necesites que la magia funcione con rapidez, usa tu microondas para energizarla. Busca un objeto simbólico que pueda representar la meta de tu magia y que no se dañe al ser colocado por unos segundos en el microondas. Sitúalo en el centro del aparato, conéctalo por un número de segundos que sea afortunado para ti (o múltiple de ese número) y di:

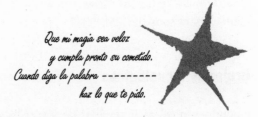

*Que mi magia sea veloz*
*y cumpla pronto su cometido.*
*Cuando diga la palabra* ----------
*haz lo que te pido.*

Extrae el objeto-símbolo y mantenlo contigo. Cada vez que pienses en él, pronuncia la palabra de orden elegida mientras tocas tu objeto-símbolo para activar y motivar la manifestación de la magia.

## MEZCLADORA DE ABUNDANCIA

Una mezcladora es una herramienta perfecta para mezclar la magia hasta convertirla en una armoniosa amalgama que se ajuste a cualquier necesidad. Puede utilizarse para preparar mezclas comestibles o para mezclar ingredientes mágicos sólo aptos para fines simbólicos.

Por ejemplo, toma un poco de ajo, jugo de cebolla, salsa picante y otros ingredientes «cáusticos» y una pequeña campanita, de esas que se pueden comprar fácilmente en una tienda de artesanía. Echa las hierbas y los líquidos en la mezcladora y, mientras ésta los mezcle di:

*Donde esté este líquido,*
*no hay mal que valga.*
*Ayizan está de mi parte*
*al triple tañido de mi campana.*

Agita la campanita tres veces. Después, vierte el contenido de la mezcladora (reservando una pequeña cantidad) en un recipiente de cristal y entiérralo en algún lugar de la propiedad. El calor de la mezcla repelerá lo negativo.

Vierte el líquido restante en un pequeño recipiente irrompible que puedas llevar siempre en tu coche, en un portafolio, o donde prefieras.

Para variar el propósito de este hechizo, utiliza distintos modos de funcionamiento de tu mezcladora para acentuar diferentes energías. Utiliza «puré» para dominar los mínimos detalles de la situación; «triturar» para romper lo negativo; «cortar» para terminar con una situación riesgosa, y «licuar» para superar las cosas.

## AMOR AL HORNO

¿Sientes como si tu vida amorosa necesitase un poco de calor? Pues busca para esto la ayuda de tu horno (¡incluso la tostadora te será igual de útil!). Comienza con una hornada de galletitas o una rebanada de pan dulce, que representa la dulzura y el placer. Mientras lo horneas, mantén en tu mente la imagen de tu pareja. Susurra esta frase: *«Pasión ardiente que nazca en nuestros corazones»*. Envuelve las galletitas o el pan dulce en un erótico papel rojo y bríndaselos a tu pareja (además de ti misma) y ¡disfruta!

Para mantener activa la energía de la pasión y el romance estés donde estés, simplemente deja que una de las galletitas o pedacitos de pan endurezca, se ponga viejo, y barnízalo con goma laca, y así podrás llevarlo siempre contigo.

## PARA REFRESCAR LOS ÁNIMOS

Todos tenemos nuestros momentos de ira. Este pequeño procedimiento mágico enfría los ánimos sobrecalentados y abre paso a una comunicación positiva. Halla o haz tú misma un emblema de la situación en que sea necesario atemperar las emociones o de la persona con la que estés enfadada. Colócalo en el refrigerador. Cada vez que abras la puerta y veas el emblema, di: «*Que sea la paz, que cese la hostilidad*». Comienza haciendo esfuerzos por rectificar, y sigue pronunciando el conjuro cada vez que abras el refrigerador, hasta que la situación mejore. Entonces ya puedes sacar el emblema y guardarlo, para que te ayude a mantener la cabeza fría en los días más agitados. Para invocar la magia, simplemente repite el conjuro (o algo parecido).

## MARCO HELADO

Cuando necesites detener un problema sin intervenir en él de modo directo, utiliza este magnífico hechizo; funciona también a las mil maravillas para acallar chismes o hacer que cesen afectos indeseados.

Simplemente, describe las circunstancias en un papel, quémalo y recoge las cenizas. Colócalas mezcladas con agua en un congelador y, de una manera literal, congela todo lo negativo, los chismes o el encaprichamiento.

Guarda estos cubitos de hielo en la parte trasera del congelador hasta que estés segura de que el problema ya está resuelto por completo; entonces, déjalos que se derritan en un jardín para que de aquella situación nazcan cosas buenas.

Si necesitas transportar esta magia, utiliza una pequeña nevera y un poco de «hielo seco» para conservarlo todo congelado.

## DESTELLO DE INSPIRACIÓN

Cuando quieras un poco de inspiración, o para mejorar tu visión de las cosas, utiliza tu cámara fotográfica. Para este hechizo, cierra los ojos y relájate, con tu cámara en las manos lista para el uso. Visualiza la energía creativa del universo que te penetra desde arriba y fluye por tu cuerpo hasta tus manos. Cuando las sientas calientes, toma varias fotos al azar. Revélalas y mira las imágenes que has obtenido. Por ejemplo, si necesitas tener visión sobre un asunto de amor, y la cámara ha captado un fuego ardiente, esto significa que tu relación ha llegado a ser muy apasionada.

Si estás utilizando este hechizo para que te ayude a buscar ideas, lleva contigo las fotos. Sostenlas en la mano cada vez que necesites un mayor poder de inventiva, y deja que la energía de la visualización te vuelva a llenar. Entonces, ¡siéntate, y a trabajar se ha dicho!

## VERIFICACIÓN EN DVD / VÍDEO

¿Te sientes insegura sobre algo? ¡Busca la respuesta en tu vídeo! Mientras pienses en una cuestión específica, elige al azar cualquier película y ponla en el reproductor. Sin dejar de pensar en tu interrogante, pasa las imágenes y repite tres veces: «*Imágenes que se mueven, imágenes que vuelan, dadme una respuesta acertada*». Detén la película, escucha la primera frase y anótala. Ésta será, de cierta manera, la respuesta a tu pregunta. El papel en que la anotes actuará como un encantamiento portátil para propiciar una acción eficaz.

Utiliza marcadores amarillos para la mente consciente (o quizá papel rayado amarillo), un trocito de azabache (una piedra) cerca de cualquier implemento «tecnológico» para que funcione bien, cuarzo para la energía general y para la creatividad, e incienso de menta verde o romero para la concentración mental. Intenta usar timbres de puerta o teléfonos en hechizos para recibir noticias, canta misivas mágicas a través del intercomunicador casero, utiliza luces piloto como emblema del fuego; que los grifos simbolicen el agua; los equipos acondicionadores, el aire; y el suelo del sótano, la tierra.

El momento de llevar a cabo la tecnomagia depende principalmente de la necesidad a mano. Considera los primeros signos de la luna creciente como buen momento para comenzar, los martes para acentuar la destreza y la lógica, el mes de junio para la serenidad y la buena toma de decisiones y la luna en Sagitario para mejorar la fuerza de voluntad.

## Por toda la casa

Como puedes ver, lo que trata de hacer este libro es valorar la magia en todo, hasta el último rincón de tu vivienda.

Si por ejemplo nunca has pensado en tu baño como algo mágico, pues enciérrate y toma asiento con un buen libro en las manos, ¡es un «hechizo» perfecto para la privacidad!

Para hacer magia en cualquier parte de la casa, invoca a Kikímora, la diosa doméstica eslava. Es una elección especialmente buena para quienes se enfrentan a un desafío doméstico. Para llamar su atención, lava un bote o un caldero con una infusión de helecho antes de comenzar tu magia. O, más sencillo: ata una rama seca de helecho a un bote decorativo que esté colgado en la cocina o en tu espacio sagrado.

## UNA DUCHA PARA AUTOBENDECIRTE

Pocos dedicamos tiempo suficiente a autobendiciones. Un momento dedicado a bendecirte a ti misma es el más importante de cualquier día. Atrae hacia ti la energía y la ayuda de la Diosa y ayudará a cualquier magia que vayas a hacer. Para la ducha de bendición toma hierbas fragantes, por ejemplo flores de lavanda para la paz, hojas de nébeda para el atractivo, pimienta malagueta para la salud y la buena suerte y una ramita de canela para el amor y el poder. Envuélvelo todo en un trozo de felpa floja o tejido suave. Al bañarte, frótalo delicadamente por todo el cuerpo para que te limpie de todo lo negativo, diciendo:

Llévate mis preocupaciones,
mantén a raya la mala suerte.
Tócame, Kikímora,
¡dame tu bendición!

Mientras lo hagas, imagina que el agua tiene aspecto de una burbujeante luz plateada que absorbe todas las dificultades; entonces enjuágate.

Acto seguido, toma un pequeño puñado de hierbas y guárdalo para conservar la bendición y activar las energías protectoras.

## DESCARGA TUS PENAS

La próxima vez que estés disfrutando de privacidad en el proverbial «trono» aprovecha la oportunidad para tramar una pequeña magia. Utilizando el simbolismo de la «descarga» como el eje central de tu hechizo, puedes aprovechar cualquier inodoro para aliviarte de una fuente de problemas. ¡Sólo tienes que dibujar en el papel higiénico la imagen de tu dificultad y echarla en el inodoro! Al descargar, no mires el papel, simplemente dale la espalda, para mostrar que no aceptas que el problema retorne.

## EXORCISMO DE LA ASPIRADORA

¿Te parece que tu casa está embrujada o que las paredes te gritan con demasiada irritación? ¡Pues apacígualas con un conjuro!

Toma un poco de sal y espárcela por todo el perímetro de tu vivienda en contra del sentido de las manecillas del reloj, mientras repites resueltamente esta frase: «*Fuera de mí, espíritus y negatividad*». Acto seguido, toma una aspiradora de mano y limpia la sal a favor de las manecillas del reloj, diciendo: «*Magia, resplandece. Este espacio es mío*».

Si te encuentras en un lugar donde no dispones de una aspiradora, como por ejemplo un cuarto de hotel o un parador, puedes limpiar la sal con un trozo de papel o con la mano.

## QUE SE HAGA LA LUZ

A veces nos parece como si el universo entero se fuera a desplomar sobre nuestra realidad. En esos días desastrosos es bastante difícil mantener buen ánimo, pero algo de aceite perfumado y unas lámparas pueden ayudar. Elige un aceite que esté diametralmente opuesto a tu estado de ánimo. Por ejemplo, si estás enfadada, utiliza flor de manzano para la alegría. Si estás enferma, utiliza violeta o romero para la salud. Y si te persigue la mala suerte, usa canela, clavo o vainilla. Cualquiera que sea tu elección, perfuma con el aceite toda lámpara que encuentres. Así, en cualquier momento que necesites levantar tu ánimo, podrás literalmente hacer la luz encendiendo una lámpara.

## HAZLO CON NÚMEROS

Éste es un tipo de adivinación que puedes hacer en cualquier parte. Piensa en tu pregunta, visualizándola con los ojos cerrados lo más detalladamente posible. Al abrir los ojos, anota el primer número que veas en cualquier objeto (como por ejemplo en el reloj, en el código zip de un sobre de carta, en el indicador de peso sobre una lata de conservas, etc.) Si el número es mayor que 10 suma todos lo dígitos hasta llegar a una respuesta de un solo dígito. Por ejemplo, si el código zip es 14224, suma 1+4+2+2+4=13=1+3=4. Este número representa la respuesta a tu pregunta de la manera siguiente:

1. Al parecer, tienes que seguir lidiando con esto tú sola. Deja que tu ambición y tesón te hagan compañía.

2. Usa diplomacia y sensibilidad para solucionar esto.

3. Sé más flexible y tolerante.

4. Piensa en esta pregunta lógicamente y la respuesta vendrá sola.

5. Sea cual sea tu pregunta, lo que se avecina es una aventura.

6. Lo que está surgiendo es un romance o nuevas amistades.

7. Tu intuición es la que sabe más y te traerá buena suerte. ¡Si quieres puedes jugar a este número en la lotería!

8. Se avecina algún tipo de reacción emocional o recuperación.

9. Una pelea es inminente, puede ser con otra persona o en forma de una lucha para hacer valer ideales personales.

Cuando vayas a usar esto como técnica portátil, simplemente concéntrate en diferentes objetos según las circunstancias. Puedes mirar matrículas de automóviles, tablillas de anuncios, números de casas etc., en busca de respuesta numérica.

## FIEBRE DE BAILAR

La música tranquiliza a las bestias salvajes, así que ¿por qué no usarla mágicamente para tranquilizar el alma? Para este hechizo te sugiero que invoques a Bast en vez de Kikímora, ya que Bast es la diosa de la danza, la alegría y el retozo. Busca una pieza musical que te haga sentir deseos de bailar. Ponla alto y comienza bailando en el sentido de las manecillas del reloj alrededor de tu vivienda. Mientras bailas, canta o canturrea acompañando a la música. Agrega un conjuro rítmico, algo como *«Alegría de la danza, ¡brinca conmigo! Por el poder de Bast, ¡disfruta de ser libre!»*. Comienza este encantamiento poco a poco y deja que su intensidad aumente a la par del ritmo de tu danza. Cuando sientas que la energía ha llegado al pináculo, levanta las manos a la palabra «libre» para liberar la magia de la felicidad que ha de entrar en tu casa.

### Componentes alternativos

Para este hechizo puedes usar componentes tan diversos y variados como lo permita tu vivienda. Echa una mirada alrededor de tu hogar con una perspectiva diferente, para buscar su potencial mágico. Considera, por ejemplo, correr las pesadas cortinas para cerrar el paso a lo negativo o mejorar tu privacidad.

Abre las ventanas y deja que los vientos de cambio hagan su trabajo. O utiliza un espejo y una solución limpiadora como una superficie alternativa para la adivinación.

Ordena tu magia casera en el tiempo de acuerdo con lo que permite tu horario. Las noches de viernes son una buena elección, porque viernes es el último día de la semana laboral, y es también el día en que se entablan buenas relaciones y una verdadera comunicación.

Cualquier día en el mes de agosto mejorará la armonía, mientras el hacer magia cuando la luna está en Acuario es bueno para la empatía.

## OP y encantamientos de internet

Hoy en día se puede hacer cualquier cosa con un ordenador casero o en internet, entonces, ¿por qué no hacer un poco de magia? Piensa en la electricidad como energía y las redes o funciones de archivo como directrices, y empezarás a ver cómo tu energía mágica puede viajar hacia donde más se la necesite. Por ejemplo, si estás presentando un resumen a una compañía o enviando un mensaje al que quieres agregar una pequeña magia, recita esta frase mientras estés preparando y enviando el documento:

*Red de ordenador,*
*guía bien esta chispa,*
*a través de bits y bytes*
*para dar en mi blanco.*

Para reforzar este hechizo, quema incienso simbólico mientras trabajes. Vuelve a encenderlo cada vez que quieras para dar apoyo a tu magia.

Hay dos diosas que tienen que ver con el ordenador y con la magia de internet. La primera es Vach, la diosa hindú del discurso místico por medio del cual se transmite la sabiduría. Se puede solicitar su ayuda para cualesquiera dificultades de programación o envío de archivos a través de internet. La otra es Tashmit, la diosa caldea de la audición y el discurso, quien hace que la persona que reciba el mensaje se muestre más favorable a su contenido. Esta diosa es también una elección excelente para la bendición y potenciación de tu correo electrónico.

### ¡ARCHÍVALO!

¿Qué es lo que necesitas ahora mismo en tu vida? Piénsalo y trata de encontrar una palabra breve que describa esta necesidad. Después crea una carpeta especial en tu ordenador en la que detalles los esfuerzos diarios que puedas hacer para satisfacer dicha necesidad. Ponle a la carpeta el nombre breve que has elegido, como *victoria, salud* o *dinero*. Entonces, cada vez que accedas a esta carpeta, aportarás literalmente a tu vida la energía mágica de victoria, de salud o de dinero, o de cualquier otra cosa que hayas elegido, mientras sigas haciendo esfuerzos convencionales para llegar a tu fin.

Quienes no tengan ordenador, o quienes deseen un hechizo más portátil, pueden utilizar carpetas corrientes que son fáciles de guardar en una maleta o un portafolio para fines similares.

## UN RATÓN FELIZ EN LA CASA

En países orientales, cuando alguien encuentra en su casa un grillo, suele tenerlo en una jaula especial para la buena suerte. En Bohemia se considera que los ratones blancos traen buena fortuna. Junta estas dos ideas y guarda el ratón de tu ordenador en una caseta especial mientras no esté en uso. En el fondo de la caseta coloca algo que represente aquello donde más buena suerte necesites, por ejemplo, usa un papel recortado en forma de corazón para el amor, o una moneda envuelta en tela verde para la prosperidad. Conserva este símbolo allí durante un número afortunado para ti de días o semanas, y así tu ratoncito blanco podrá comunicarle energía positiva. Cada vez que lo veas, di:

*Mi pequeño ratón que vives en la caja,*
*invade este objeto con tu buena energía.*
*Tashmit transmitirá mi voluntad*
*cada vez que yo toque estas teclas.*

Lleva el símbolo contigo y repite el conjuro cada vez que vayas a utilizar el ratón, hasta que la magia se manifieste.

## ALFOMBRA MÁGICA PARA TU PANTALLA

Otra buena manera para ayudar a que tu magia se manifieste es darle apoyo por medio de imágenes que ves regularmente. Busca entre diferentes fondos de pantalla hasta encontrar una que represente mejor tu objetivo mágico. Trata de crear un conjuro que puedas recitar cada vez que esta imagen aparezca en pantalla. Esto motivará a la energía mágica a apoyar cualquier hechizo que vayas a hacer.

## HILO DE PESCAR

Muchos navegan en internet para encontrar a otras personas de mentalidad similar a la suya, con la esperanza de crear amistades a larga distancia. El siguiente hechizo puede ayudar a alcanzar este objetivo.

Para comenzar, busca un hilo de pescar de noventa centímetros de largo (o cualquier otro hilo) y llévalo adonde trabajas con tu ordenador. Escribe la palabra *amigo* en un pedacito de papel y átalo a uno de los extremos del hilo. Coloca este extremo frente a ti a través del escritorio y sostén el otro en la mano. Asegúrate de que tu ordenador esté conectado a cualquier red que puedas usar para chatear con otras personas. Ahora, concéntrate en tu intención y, lentamente, ve recogiendo el hilo en tu mano mientras dice: *«Para hallar amigos, para pescar amigos, pesco con mi hilo, y Vach apoya mis deseos».* Repite esta frase hasta que tengas el papel en la mano. Enrolla el hilo alrededor del papel y tenlo contigo cada vez que accedas a internet en busca de amistades.

El color amarillo pálido acentúa la comunicación afectiva. Coloca una amatista cerca de tus equipos para no perder la serenidad mientras trabajes con ellos. Utiliza atriles y tablillas con sujetapapeles para sostener emblemas mágicos, así la magia podrá llegar a tu área de trabajo. Disquetes o CD dañados se pueden limpiar, bendecir y potenciar para una función específica para usarlos como portadores de energía. Además, introduce en tu ordenador una contraseña clave positiva, así cada vez que abras el programa ¡abrirás paso a la energía!

Buenos momentos para el ordenador y la magia de internet (además de cualquier otro momento en que tus asuntos no anden bien) incluyen mediodía y domingos, cuando la influencia lógica del Sol te podrá ser de mayor ayuda; el mes de marzo para el dominio, o septiembre para comprender cosas «misteriosas», y cuando la luna esté en Libra para sensatez.

## Mascotas mimadas

Para muchas personas, sus mascotas son como hijos a quienes hay que mimar y proteger. La magia de bolsillo satisface esta necesidad con sugestivos encantamientos, yacijas especiales y rituales que protegen a los animalitos contra enfermedades y accidentes.

La diosa perfecta para ayudar con las mascotas es Brigit. Es una deidad irlandesa que protege a los animales y preside todas las labores domésticas. Como hija que es del buen dios Dagda, se le reconoce por sus buenas obras y bondad hacia todo ser viviente.

## JUGUETONAS FLORES DE SAÚCO

El folclore inglés nos dice que las flores de saúco protegen a los animales. Para activar esta magia y preparar una yacija que actúe eficazmente contra las pulgas mezcla flores secas de saúco con aserrín de cedro y rellena una gran almohada para tu mascota. Si tienes peces o pájaros, te aconsejo que mantengas flores de saúco secas amarradas a la pecera o a la jaula. Mientras lo estés haciendo, invoca la bendición de Brigit con estas palabras:

Brigit, protege a mi mascota.
Mantén a _____ sano y salvo,
deja que tu magia esté siempre aquí.

Prepara un resguardo más pequeño, del tamaño de una bolsita, para llevarlo siempre dondequiera que vayas con tu mascota.

## ENCANTAMIENTO DE «CHAPILLA DE PERRO»

Para gatos y perros, este encantamiento requiere de una placa de identificación o un cascabel. Para pájaros, utiliza una campanita; para peces, un objeto sumergible. Toma el objeto que hayas elegido y sostenlo en la mano. Visualiza una luz protectora clara y blanca que vaya llenando el objeto mientras digas:

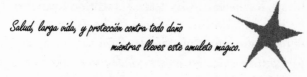

*Salud, larga vida, y protección contra todo daño mientras lleves este amuleto mágico.*

Colócalo en el collar de tu mascota o en cualquier lugar donde ésta acuda regularmente. Recárgalo de vez en vez para que la magia esté siempre activada.

## UNA PATA AL MINUTO

Aconseja también el folclore untar con mantequilla las patas de los animales para que no se pierdan. Yo aconsejaría usar manteca pastelera, que es preferible por prevenir que se formen pelotas de pelo que el animalito pueda lamer y quitarle la sustancia. Toma una pequeña cantidad de manteca pastelera y caliéntala con ajo para protección; después, deja que se enfríe. Úntala en las patas de tu mascota una vez al mes, diciendo:

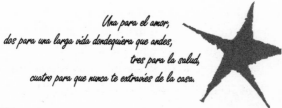

*Una para el amor,
dos para una larga vida dondequiera que andes,
tres para la salud,
cuatro para que nunca te extravíes de la casa.*

## CEPILLADO

¿Quieres, además, que tus animalitos estén protegidos y sin pulgas? Éste es el hechizo perfecto. Toma cuatro tazas de agua y agrégale aceite de romero, salvia, cedro e hinojo, ocho gotas de cada uno (todos ellos funcionan contra las pulgas y tienen propiedades mágicas protectoras). Revuelve esta mezcla en el sentido contrario al de las manecillas del reloj en una noche de luna menguante diciendo: «*¡Fuera las plagas, fuera para siempre! ¡Todas la pulgas y todas las enfermedades, que se mantengan a raya!*». Cepilla tu mascota con esta mezcla una vez a la semana, déjala que se seque y vuelve a ponerle el collar. Así tu magia y tu amor la acompañarán siempre.

## Componentes alternativos

Los colores marrones y verdes intensifican el poder de la naturaleza. Llena la escudilla de tu mascota con alimentos que sean de estos colores. Coloca una piedra lunar bendecida y cargada en el área donde el animalito pasa la mayor parte de su tiempo, para que su sueño sea apacible. Utiliza valeriana o nébeda encantadas para gatos y un hueso encantado para perros. Es bueno hacer estos encantamientos los sábados, que son los días de Saturno, quien preside los ciclos naturales; durante el mes de mayo, que se llaman así por la diosa Maia, una deidad de la tierra; y cuando la luna esté en cualquier signo de tierra (Capricornio, Virgo y Tauro).

# MAGIA EN LA OFICINA

Tenemos demasiadas personas que viven sin trabajar,
y tenemos también demasiadas que trabajan sin vivir.

DEAN CHARLES R. BROWN

Cada día, cuando te levantas y vas al trabajo, tu espíritu viaja contigo como un figurativo chófer acompañante. Es él quien guía las interacciones que tienes con otras personas y de él depende cómo manejas situaciones difíciles. Por eso, al salir de casa, no dejes atrás a la Diosa con su magia. Métela en el bolsillo y luego busca maneras creativas para liberar su poder en tu trabajo.

Comienza tu día espolvoreando los zapatos con hierbas dinámicas y carismáticas, como canela. O analiza si puedes usar ropa de colores que acentúen características que sean exitosas para tu trabajo. Por ejemplo, una supervisora puede llevar colores amarillos y rojos para motivar cualidades de liderazgo creativo; una enfermera puede llevar el púrpura, que engendra simpatía; una escritora puede vestirse de amarillo para la creatividad. Los perfumes y las colonias también obran milagros. Simplemente, por la mañana, ante todo perfúmate con alguna fragancia simbólica.

Una supervisora puede perfumarse con aceite de poleo o menta de campo para la productividad, mientras que una enfermera puede usar aceite de geranio para proteger su salud.

Para lograr el óptimo poder, decora tu espacio laboral. Mantén cerca de ti cristales mágicamente cargados (ver el capítulo 1) para que te estimulen cuando lo necesites. Considero también que las plantas vivas, si se permiten, resultan muy útiles. Puedes elegir una planta de acuerdo con sus poderes, pero cualquier planta que crece simboliza la manifestación de tus deseos.

## Magia mecánica

¿Quién no usaría un poco de magia con nuestros equipos de oficina, a los que adoramos tanto que no podemos vivir sin ellos? A medida que nos volvemos más dependientes de la tecnología, nuestra necesidad de magia y espiritualidad va también en aumento. Si te falla el contestador automático, se te rompe el ordenador o la fotocopiadora se estropea, siempre puedes llamar a un mecánico para que te lo repare, pero ¿por qué no probar también con un poco de magia? La magia, que es eléctrica por naturaleza, trabaja maravillosamente con la mayoría de equipos tecnológicos. En todo caso, ¡te da algo productivo que hacer mientras esperas ayuda!

Invoca ayuda de Tara, la diosa hindú que rige el conocimiento, el control y el buen juicio. Tara, con el sol del entendimiento en una mano, cabalga sobre un león para salvar a las criaturas de este mundo de todos los terrores, entre ellos, los que causan los jefes impacientes.

Como alternativa, invoca a Danu, patrona irlandesa de brujos y hechiceros (la tecnología de hoy es la magia de ayer). Para invocar a Danu, lleva cebada en tu bolsillo mientras trabajes.

### R Y R (REPARACIÓN Y RESTAURACIÓN)

Para acelerar la reparación de tu ordenador, quema un palillo de incienso de romero en el área donde trabajas (o úntate con una gotita de aceite de romero). Todo el tiempo en que tú (o el técnico de reparaciones) estés reparando el equipo, recita mentalmente:

*Danu,
Bruja de gran poder,
libera los bits y bytes de toda enfermedad.*

La reparación se llevará a cabo debidamente para el momento en que el romero se haya quemado por completo.

Como encantamiento portátil, conserva un poco de cenizas de romero y colócalas en un envase irrompible. Espolvorea con ellas cualquier lugar donde necesites mejorar tu concentración mental.

## PARA TU FOTOCOPIADORA

Durante la luna menguante, haz una ofrenda de tóner (pigmento) a tu fotocopiadora. Mientras lo reemplaces y limpies sus partes componentes, pide la bendición de Tara.

Deja una hoja de laurel debajo de cada ruedecita de la máquina para salvaguardarla de problemas en el futuro.

Las hojas de laurel son un excelente encantamiento de bolsillo que hará que tengas fuerza, protección y energía en general mientras estés en la oficina. Escribe la palabra *energía* sobre la hoja y guárdala en tu billetera o en un zapato.

## PARA TU TELÉFONO

Coloca la imagen de una mano abierta debajo de tu teléfono cuando las líneas estén ocupadas o cuando se corte la comunicación para que esto te ayude a «entrar en contacto con alguien». Cuando logres comunicarte, tira la imagen al cesto de papeles para que se lleve todos los problemas que pueda tener tu teléfono.

Dibuja la misma imagen en otro papel, mientras dice:

*Tara, Danu,
despejad mi camino
para que la gente comprenda
lo que quiero decir.*

Lleva esta imagen en el bolso, la billetera, el portafolio o un bolsillo para mejorar tus comunicaciones, tanto las de la oficina como otras en general.

## TARAREAR PARA CURAR

Una amiga mía tiene una fe ciega en este método. Cuando cualquier máquina le causa un problema, empieza a tararear o canturrear. Usa sonidos bajos y uniformes, lo más parecidos posibles a los que haga tu máquina. Concentra la mente en las vibraciones de ese sonido y en cómo te hacen sentir. Esto te hará poco a poco entrar en armonía con la máquina, de lo cual resultará una de estas dos cosas: o la máquina comenzará a funcionar mejor, o tú misma comprenderás de pronto qué estás haciendo mal.

Lo mejor de este método es que tu voz es un componente perfectamente portátil de la magia de bolsillo. ¿Estás impaciente esperando el ascensor? ¡Pues empieza a canturrear!

## PARA EL FAX

Si ves que tu fax (o el módem) siempre deja los mensajes inconclusos, usa una pequeña magia para despejar las líneas de comunicación. Moja tu dedo en un poco de café (para energía) y traza con él tres veces un pentagrama (para protección y solución de problemas) sobre un costado de la máquina y déjalos que se desvanezcan. (Siempre empieza y termina en la punta izquierda inferior de la estrella.) Mientras dibujas, visualiza una luz blanca que es absorbida por la máquina y va despejando las conexiones eléctricas.

Este hechizo se puede usar en cualquier parte, simplemente cambia de líquido según las circunstancias y la disponibilidad. Por ejemplo, utiliza el agua para mejorar la transmisión de figuras, té para tranquilizar, o jugo de naranja para mejorar la «salud».

### Componentes alternativos

Usa cáscaras o aceite de naranja para que te ayuden a adivinar el problema y descubrir las posibles soluciones, y extracto de menta para exorcizar los malos espíritus de tu máquina. Piedrecitas de hematita cerca de tu área de trabajo tiran por tierra las dificultades eléctricas, un fósil hará que el equipo funcione durante más tiempo, y un azabache u ojo de tigre te traerá buena suerte.

Mantén alimentos y bebidas fuera de este tipo de magia: migas y líquidos tienen un pésimo efecto kármico sobre todo cuanto funcione con electricidad. Y haz todo lo posible para que no se te olvide bendecir tu caja de herramientas y manual de instrucciones, tal vez untándole un poco de aceite de romero para mejorar sus facultades de raciocinio.

En cuanto al momento adecuado, puede ser la luna menguante o nueva para expulsar los demonios de la máquina; cuando la luna esté en Tauro para el sentido común; el mes de julio para no perder tu serenidad; domingo para mejorar el razonamiento o sábado para lograr resultados.

## Dirigiendo a tu director

¿Tienes la sensación de que tu director no escucha lo que le dices, no parece apreciar tus esfuerzos o no te da la merecida confianza? ¿Necesitas comunicarte con esta persona de un modo más positivo, con mayor seguridad en ti misma?

Un poco de magia de oficina te podría prestar una verdadera ayuda. Estas muestras de encantamientos y hechizos permitirán que mejores tus relaciones con cualquier autoridad, como también ayudarán a recuperar el control sobre tu entorno.

Para este tipo de magia dirígete a Atenea, la diosa griega de los guerreros y el comercio. Atenea protegía a los simples trabajadores (como artesanos, tejedores y herreros). La mitología la representa también como buena consejera, fuente de paz y justicia, y como inspiradora de estrategias eficaces. Hónrala en el espacio sagrado con prendas de artesanía, música de flauta, aceitunas e incienso de almizcle.

## BUENAS, BUENAS, BUENAS VIBRACIONES

Para producir vibraciones de paz en tu espacio laboral y a su alrededor, cultiva espliego en tu mesa de trabajo. Agregar piedras a la tierra es bueno para intensificar las energías. Por ejemplo, coloca un ágata roja en la parte de la maceta que da al Sur, para audacia en los actos; un ágata blanca en la parte Este para la paz interior; un ágata castaña en la parte Norte para la inventiva, y una verde en la parte Oeste para cultivar la seguridad en ti misma. Guarda en tu poder piedras iguales. Para potenciarlas, di:

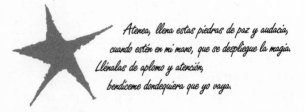

Atenea, llena estas piedras de paz y audacia,
cuando estén en mi mano, que se despliegue la magia.
Llénalas de aplomo y atención,
bendíceme dondequiera que yo vaya.

Llévalas en la bolsita donde guardas tus medicinas o en cualquier otra parte con tal de que su energía positiva esté siempre contigo.

## PARA QUE HAYA PAZ

Si tu director o directora toma té, prepárale una infusión especial que incluya un poco de violeta seca para la armonía. Como alternativa, busca en el supermercado la infusión de manzanilla (otra hierba que inspira paz). Edulcórala para endulzar la disposición de tu director.

Para los amantes del café, prepara una infusión de alguna hierba simbólica (comestible) y guárdala en el refrigerador hasta que la necesites. Agrega unas gotas al café. La cantidad no importa: son las vibraciones de la hierba las que producen efecto. Revuelve en dirección de las manecillas del reloj para aumentar la energía positiva, potenciadora, y en la dirección contraria para disminuir la negatividad.

## OFRECIENDO UNA RAMA DE OLIVO

Dibuja un símbolo de paz en una hoja de olivo o en cualquier papel blanco. Sobre ésta visualiza la imagen de tu jefe. Échale un poco de corrector blanco mientras lo visualizas, para borrar figurativamente tus problemas. Dóblala hacia dentro tres veces (la cantidad correspondiente al equilibrio de cuerpo-mente-espíritu), envolviendo en ella una pequeña malaquita (la piedra es opcional). Lleva esto en tu monedero o guárdalo en tu escritorio hasta que las cosas mejoren. Después, quema la hoja dando gracias y conserva la piedra cerca de ti para que siga produciendo interacciones positivas.

## AMULETO PARA QUE TE VALOREN

Cuando desees que tu supervisor note más tus esfuerzos, prueba con este amuleto. Para comenzar toma un pedacito de madera de pino. Con un marcador o tinta indeleble dibuja sobre ella la runa *Dagaz* (tiene aspecto de dos triángulos puestos de lado, cuyas puntas se tocan). *Dagaz* representa logros y oportunidades y puede considerarse como el *carpe diem* de las runas. Mientras la dibujes, ve diciendo:

*Haz que el buen trabajo reciba su recompensa,*
*ya que llevo largos días de duro trabajo.*
*Haz que mis habilidades y talentos resplandezcan*
*cuando llevo encima este amuleto de pino.*

Si te resulta incómodo llevarlo en el cuello a modo de pendiente, simplemente ábrele un orificio y llévalo en tu llavero.

## MAGIA PARA EL ESTADO DE ÁNIMO

¿Ha estado tu supervisor sombrío, descontento o como ausente? ¿Hace esto que todos se sientan deprimidos? Intenta una pequeña magia aromática.

En tu casa, prepara una infusión con una taza de agua, una bolsita de té de manzana (para la felicidad), una bolsita de té de bergamota (para alejar la negatividad); una pizquita de romero (para la buena salud), y una pizquita de albahaca (para la armonía). Revuelve la mezcla en sentido contrario de las manecillas del reloj, diciendo: «*Desvanece, infelicidad; cesa, desconten-to*». Después, revuélvelo a favor de las manecillas del reloj, mientras dice: «*Redescubre la paz, cada vez que respires, da paso a la alegría*». Deja la infusión hasta que sientas que despide una fragancia embriagadora.

Viértela en un recipiente oscuro hermético y con-sérvala en el refrigerador hasta que tengas posibilidad de aplicarla en las áreas donde tu jefe pasa una gran parte de su tiempo.


## *Componentes alternativos*

Lleva manzanas o peras para almorzar porque mejoran el discernimiento, o frituras de manzana para mejorar tu discurso. Vístete de amarillo para hacer creativa tu comunicación. Lleva contigo una malaquita para lo-grar éxitos en los negocios o un ágata para el valor.

Haz tus esfuerzos de magia durante la luna creciente para mejorar tu discurso, o durante la luna menguante, si es para disminuir la negatividad.

Los hechizos y encantamientos activados los jueves ayudan a mantener la tenacidad y enfrentar obligacio-nes. El mes de enero es bueno para la protección, mientras que marzo ayuda a superar dificultades, y abril procura oportunidades.

Trabajando mientras la luna esté en Libra te asegu-rará recibir un trato justo.

## Prevención de intrigas de oficina

No importa dónde trabajemos, pocos estamos libres por completo de las intrigas de oficina o de los incansables e incesantes rumores. Ambas situaciones pueden hacer que el trabajo se vuelva insoportable. Así que, para llenar tus mañanas de anticipación en vez de trepidación, prepara una pequeña magia y, astralmente hablando, ¡patea algún burocrático trasero!

Invoca a Sin, diosa teutona de la verdad, para que te ayude en tales asuntos, o a Ma'at, la diosa egipcia de la justicia y la ley universal. De esta manera, incluso si tienes que enfrentarte periódicamente a intrigas de oficina, los resultados serán menos dañinos.

### EL TALISMÁN PARA INTERRUMPIR

Cuando te sientas harta de personas que, en vez de ocuparse de su vida propia, meten sus narices en la tuya, prepara un talismán protector para desviar su atención hacia otra parte.

Necesitarás un alfiler y un pequeño espejito, como los de los compactos, o cualquier superficie muy pulimentada, como la de las plumas metálicas. La superficie brillante aleja la energía indeseada.

Trabaja durante el cuarto menguante, para que tus problemas se disuelvan en la nada.

Toma la superficie brillante y araña sobre ella la runa de la protección (tiene el aspecto de una Y con la línea central ligeramente prolongada en su parte superior), diciendo:

*Fuera, negatividad.*
*Desvanécete, atención indeseada.*
*Chismes e intrigas no pueden perdurar*
*donde esté mi talismán.*

Esconde este talismán en un lugar seguro allí donde la gente suele darle a la sin hueso o donde percibas que se cocinen la mayoría de los chismes. Si deseas agregar a tus esfuerzos una magia de bolsillo, simplemente haz dos talismanes y lleva uno de ellos siempre contigo.

## TÁCTICAS DE DISTRACCIÓN

A veces, la mejor manera de no vernos envueltos en indeseadas dinámicas de grupo consiste en desviar la atención. Para este hechizo, necesitas un poco de tu colonia o perfume preferido y una llave vieja. Perfuma ligeramente tu área de trabajo. Mientras lo hagas, visualiza franjas de luz blanca que conecten cada gotita de perfume con las demás. Al igual que los animales marcan su territorio, así también tú marcarás simbólica y metafísicamente tu área personal y lanzarás un poderoso reto a cualquiera que trate de entrar sin ser bienvenido. Ahora toma la llave y échale cuatro gotas de perfume. Mientras lo hagas, pronuncia un encantamiento al estilo de este:

*Al decir «cuatro» cierro la puerta.*
*Al decir «tres» te alejas de mí.*
*Al decir «dos» se realza la magia de Sin.*
*Al decir «uno», comienza el hechizo.*

Guarda este encantamiento en tu escritorio, en un armario o en tu bolsillo. Cada vez que sientas que alguien está tratando de involucrarte en una absurda intriga oficinesca, dale una vuelta a la llave en tu bolsillo, para desviar la atención hacia otra parte.

## PARA DETENER RUMORES

Cuando el molino de rumores comienza a trabajar a plena capacidad, es el momento de decir basta. Si ya estás cansada de conversaciones improductivas, malintencionadas y a veces dañinas, ahuyéntalas con magia. Toma un lápiz, una pluma o cualquier cosa que pueda servir de puntero y apunta hacia la fuente de los problemas. Recita mentalmente esta invocación siete veces:

*Ma'at, haz que cese el caos.*
*Deja que se libere la verdad.*

Mientras estés repitiendo esta frase, visualiza haces de luz que salen de tu puntero y penetran en el corazón de la persona (o las personas) que causa las molestias. Esto actúa como un místico codazo moralista dirigido al centro ético del individuo.

## AMULETO DE ARMISTICIO

¿Deseas que cesen las tensiones y hostilidades en tu oficina? Un amuleto de paz puede lograr exactamente lo que ordenaría el funcionario de seguridad. Para empezar, toma una hoja de papel blanco, que representa una bandera de tregua. Traza un símbolo de paz usando para ello tu colonia o perfume personal. Esto representa tu deseo de trabajar en función de la distensión. Dobla la imagen tres veces sobre sí misma diciendo:

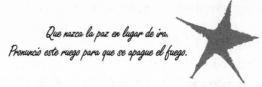

*Que nazca la paz en lugar de ira.*
*Pronuncio este ruego para que se apague el fuego.*

Quema el papel en un recipiente seguro y conserva las cenizas para llevarlas contigo hasta que la situación se resuelva. Después, lanza las cenizas al viento como un modo de compartir la paz con el planeta.

## HABILIDAD POLÍTICA

Se dan casos de intrigas de oficina imposibles de evitar. Cuando esto suceda, echa mano de un poco de magia para que te vuelva lo más eficaz posible. Para este hechizo yo aconsejaría utilizar encantamientos comestibles, así podrás interiorizar literalmente la energía y llevarla contigo durante todo el día. De ser posible, prepara este plato cuando la luna esté en Aries, para acentuar las capacidades de liderazgo y valor.

Antes de irte a trabajar, prepara un refrigerio potenciador. Toma jugo de uva para fortalecer tus facultades mentales, algunas tostadas espolvoreadas de jengibre y canela para la fuerza, grosellas negras para la protección, y un vaso de leche en representación de la Diosa. Di una breve plegaria para invocar su bendición. ¡Come esperanzada!

Una pila de papel que se usa para memorandos internos perfumado con lavanda, rosa o violeta propiciará comunicaciones pacíficas. Coloca en la oficina cualquier objeto de adorno de color azul para mejorar la armonía. Bendice y potencia rosquillas para endulzar el discurso.

Como momento propicio considera la luna nueva, para que los problemas terminen limpiamente y desaparezcan. Trabaja los viernes para mejorar todo tipo de relaciones, en agosto para mejorar la concordia y la unidad y cuando la luna esté en Acuario para aumentar la benevolencia.

## Encantamientos para la eficiencia

La eficiencia es algo que podemos utilizar todos, independientemente de dónde estemos. Ayuda a que todo se haga con rapidez, y así nos queda tiempo para divertirnos y descansar. En nuestro trabajo, cuando se es competente y productiva, el tiempo pasa sin problemas, con pocas crisis y menos estrés. Para todas esas personas que son maniáticas del trabajo, significa también disminución de sus ataques de ansiedad.

Para los asuntos que requieran de orden y método, invoca a Eunomia, la diosa griega de la organización (hija de Zeus y ayudante de confianza de Hera), para mantener en forma tus aptitudes.

## SILBA MIENTRAS TRABAJES

No subestimes el poder de la música como lenguaje universal y a la vez como medio de transmisión de la energía de la Diosa. Busca algunas canciones que te hagan sentir optimista, a gusto contigo misma y motivada. Memoriza al menos un verso de cada una. Entonces, cada vez que comiences a sentirte incapaz o realmente hecha polvo en el trabajo, tararea o silba una tonada alegre. Por ejemplo, canciones populares de la New Age, como *Tallis the Messenger* (David Arkenstone), clásicos como *Carmina burana*, y canciones mágicamente enfocadas como *All Soul's Night* (Loreena Mc Kennitt) me ayudan a dirigir mis esfuerzos de un modo más eficaz y alegre.

Una vez conocida, esta música mágica estará contigo siempre y hará, en cualquier momento que esto sea preciso, el verdadero milagro de sacar un pequeño extra de energía del interior de tu bolsillo mágico.

## ORGANIZACIÓN OGHAM

Los *oghams* constituyen una antigua forma de escritura de tradición céltica, cada uno de cuyos símbolos representa un árbol con significación específica. El aprendizaje de los *oghams* era obligatorio para los druidas, y necesario para obtener la maestría, la cual, en la metodología de la magia, es el simbolismo perfecto. En este caso, usarás el símbolo de la manzana, que consiste en una línea vertical con cinco pequeñas líneas horizontales unidas a intervalos iguales al lado izquierdo de la línea principal. La manzana representa el dominio personal que tiene como resultado que no se derroche ninguna energía.

Comienza a cortar una manzana a través de su eje central de modo que se pueda ver el pentagrama formado por las semillas. Haz otro corte para obtener una rodaja de unos seis por doce milímetros aproximadamente, que muestre esta mágica estrella natural. Utilizando un mondadientes talla la manzana *ogham* en la rebanada en los cuatro puntos cardinales, repitiendo esta invocación en cada punto:

*Poderes del Norte y el Este,*
*obedeced mi voluntad, ¡que cese la locura!*
*Poderes del Sur y el Oeste,*
*Eunomia, ¡ayúdame a desempeñarme bien!*

Conserva esto en un lugar árido y fresco hasta que se seque por completo y barnízalo. Llévalo contigo cada vez que necesites lidiar con mejores estrategias. Si haces un orificio en la parte superior de este amuleto, podrás llevarlo en el cuello, colgarlo de una ventana e incluso usarlo, junto a otros símbolos, como adorno de Navidad.

## ENCANTAMIENTO PARA LA CAPACIDAD

Busca cualquier objeto cuadrado que puedas tener cerca de ti en el trabajo. Por ejemplo, una alfombrilla cuadrada para el ratón de tu ordenador, un lápiz, un recipiente para guardar presillas para papeles o una hebilla de cinturón. El cuadrado simboliza el orden y las bases sólidas. Tenlo en la mano a mediodía para perfeccionar la lógica y el progreso. Visualiza que lo llena una luz solar dorada mientras pronuncies:

*Rayos dorados del Sol, divinos,*
*dejad que yo brille con mi competencia y eficacia.*

Si, además, deseas confeccionar un encantamiento portátil, busca una piedra cuadrada y energízala de una manera similar.

## PODER DE PRODUCTIVIDAD

Durante el cuarto creciente de la luna, toma una botella de dos litros de refresco de jengibre (para la energía efervescente), agrégale un clavo de olor (para el buen juicio), una cucharadita de sabor de coco (para la flexibilidad) y una cascarita de limón (para la claridad). Tápala bien y sostenla elevada hacia el cielo mientras dices:

*Eunomia, bendice esta bebida mágica;*
*tengo que trabajar y pensar con claridad.*
*Haz que mi productividad aumente*
*cada vez que tome esta bebida bendecida.*

Bebe una pequeña cantidad de este líquido antes de ponerte a trabajar para que lleves el poder dentro de ti. Puedes también tomar otro clavo de olor, un poco de coco y una cascarita seca de limón, ponerlos en una bolsita y agregarle unas gotitas de refresco de jengibre. Lleva esto en tu coche, en un portafolio, en una maleta, o dondequiera que consideres necesario.

## *Componentes alternativos*

Unge los bloques de memorando o agendas donde guardas las listas de «cosas por hacer». Graba en el reverso de tu reloj un emblema mágico similar a la runa *Raido* para mantenerte rápida y dispuesta (esta runa se asemeja a una R cuya curva termina en punta y representa el manejo exitoso de múltiples elementos). Lleva algo de color castaño oscuro, que representa buenas bases. Cristales como la restañasangre y la malaquita te ayudarán a lograr éxito en los negocios.

Trata de que tus esfuerzos coincidan con la luna llena para completar. Actívalos los martes para incrementar la destreza, durante el mes de julio para mejorar el autocontrol, o cuando la luna esté en Virgo para la practicidad.

## Filtros para la promoción

¿No te han revisado el expediente últimamente? ¿Deseas que tus jefes aprecien mejor tus cualidades? ¿Estás cansada de vivir de macarrones con queso? Si hace tiempo que debían haberte ascendido o promovido en el trabajo, este es el momento de volver a tu caldero de ideas y sacar de allí alguna magia creativa.

Llama a la diosa romana Fortuna, patrona de todos los asuntos que tienen que ver con el destino y la buena suerte, para que te ayude en la magia promocional. Su color es el dorado, y su símbolo la rueda. Esto se puede traducir en llevar una monedita dorada o un anillo de oro a fin de propiciar las bondades de Fortuna.

## ALMORCEMOS

Una semana antes de la revisión, o antes de solicitar un ascenso, incluye en tus almuerzos alimentos y bebidas cuyas energías promuevan la abundancia, por ejemplo, aguas con sabor a bayas (que representan la generosidad de la tierra), alimentos verdes y de hoja como brócoli y lechuga (que representan el color y la textura del dinero) y postres selectos (que, por lo general, se reservan para ocasiones en que tenemos dinero extra). Antes de comer, recita una plegaria a Fortuna especificándole tus necesidades o usa esta invocación:

*Fortuna, señora de la rueda que gira siempre,*
*mira la carga que llevo,*
*alivia la presión que siento,*
*¡concédeme la prosperidad!*

Incrementa esta magia llevando diariamente prendas verdes (no se te olvide que las medias y la ropa interior cuentan también) y usa aceite de vetiver, que propicia la riqueza y trae cambios positivos.

## AMULETO PARA PROGRESAR

¿Temes que te hagan una reducción de horario, que estén a punto de rebajarte de categoría o disminuir de cargo? Prepara este amuleto para protegerte de este tipo de cambios; incluso puedes mejorar tu estatus por medio de una magia proactiva.

Comienza a trabajar en la última noche de luna llena. Toma un objeto pequeño que de alguna manera represente tu posición y un paño blanco y colócalos a la luz de la luna.

Esto cargará el objeto para que pueda proporcionarte ideas maduras. En la noche siguiente, sitúate con el paño y el objeto en la mano bajo la luz lunar y di:

*Aléjate de mí, mala suerte;*
*sólo he de ver prosperidad.*
*Protege mi trabajo de todo daño.*
*Fortuna, potencia mi encantamiento mágico.*

Envuelve el objeto en el paño y llévalo contigo o guárdalo en el lugar donde pasas la mayor parte de tu tiempo laboral.

Se puede variar este encantamiento según las necesidades que tengas.

Por ejemplo, si estás pasando por un período de mala suerte, busca un objeto que represente para ti el azar y reformula la invocación más o menos así:

*Mala suerte, aléjate de mí;*
*sólo he de ver buena suerte.*
*Fortuna, ¡ayúdame a que sólo encuentre cosas buenas!*

## FETICHE PARA LA BUENA SUERTE

Para preparar un fetiche para atraer la buena suerte comienza por buscar una tachuela redonda o alfiler que tenga por adorno una piedra verde o que esté fabricada con un metal de color dorado.

La forma circular simboliza a Fortuna, mientras que los colores verde y dorado vibran con energía que favorece la prosperidad.

De ser posible, prepara el fetiche justo antes de la medianoche, durante el cuarto creciente de la luna en el mes de abril, para enfatizar un cambio hacia casualidades positivas.

Toma el objeto que has elegido y sostenlo entre tus manos ahuecadas. Empieza a cantar suavemente, con los ojos cerrados:

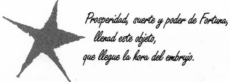

*Prosperidad, suerte y poder de Fortuna,*
*llenad este objeto,*
*que llegue la hora del embrujo.*

Aumenta poco a poco, con naturalidad, el volumen de tu canto y césalo con la última campanada del reloj. Llévalo contigo cada vez que sientas necesidad de un poco de dinero extra o buena suerte.

## ASCENDIENDO POR LA ESCALA CORPORATIVA

Si tienes una escalera en tu oficina o cerca de ella, esta pequeña magia analógica puede ayudarte a mejorar tus perspectivas laborales.

Cada vez que subas cualquier tramo de escaleras recita mentalmente un encantamiento como este:

*Mientras suba,*
*¡la fortuna es mía!*
*Voy subiendo,*
*por encima de mis enemigos.*
*¡Pido prosperidad, fama*
*y éxitos!*

El ascenso por la escalera representa el ascenso laboral, al que propicias con tu concentración mágica. Puedes utilizar este tipo de magia analógica para superar problemas. O bien, invierte el proceso cuando bajes por la escalera, para los objetivos que tengan que ver con la liberación de la negatividad o del pasado.

## ELIXIR QUE ENRIQUECE

¿Buscas una bebida para mejorar tus recursos? Comienza con cualquier jugo que sea de tu agrado. En magia, el jugo mejora el bienestar, la salud física y la felicidad. Añádele una pequeña visualización productiva: ve como todo el recipiente se llena de la dorada luz solar, lo cual simboliza la bendición de la Diosa. Entonces, sostén el recipiente en una mano y recita un conjuro similar a este:

*A través de mis dientes,*
*más allá de las encías,*
*a través de mi cuerpo,*
*penetra el bienestar.*
*Al tocar mis labios,*
*con cada sorbo,*
*la abundancia penetra en mí.*

Sírvete un vaso cada mañana y cada noche, repitiendo tu conjuro hasta que la magia surta efecto.

## Componentes alternativos

Para ascender, tanto las monedas como los billetes tienen una amplia participación en la magia de prosperidad. Por ejemplo, para atraer dinero, cuando veas por vez primera una luna nueva, da una vuelta en tu bolsillo a una moneda de plata. Escribe tu deseo de abundancia en un billete y quémalo junto con hojas de roble secas. El humo llevará tu deseo a la Diosa y liberará la energía de abundancia. O bendice tu billetera o monedero para que atraiga dinero.

En cuanto al momento propicio, trabaja durante la luna llena, que representa la plenitud y el cumplimiento, o los sábados para recoger los frutos de tu ardua labor, durante el mes de octubre para cambios positivos o cuando la luna esté en Tauro para la abundancia.

# MAGIA EN LA CARRETERA

*El mundo es un gran libro del que quienes nunca
han salido de su hogar apenas han leído una página.*

SAN AGUSTÍN

¿Cuántas veces te ha sucedido llegar tarde o irritada a
un destino a causa de problemas que se te han presentado durante el viaje? ¿Te ha sucedido alguna vez que
las reservas hechas se te hayan trocado por completo o
que hayas recibido direcciones incorrectas? En una
sociedad móvil, la magia portátil se hace cada vez más
importante y provechosa. Independientemente de si
viajas mucho o poco, si llevas contigo a la Diosa te evitarás muchos problemas.

Pon un amuleto en tu maletín, cuelga un talismán
en el baúl del coche, prepara un fetiche y una bolsita
encantada para tu maleta.

Desde el momento en que asomes la cabeza fuera de
la puerta de tu casa, para cualquier cosa que te pueda
suceder, atente firmemente a la Diosa y su magia, sobre todo cuando en el viaje se tropieza con muchos
contratiempos. La Diosa te protegerá y te ahorrará molestias, independientemente del tipo de transporte que
utilices.

## Talismanes de viaje

Considera esta sección como una Triple-A mágica. Cuando viajas, la energía de la Diosa se queda en tu casa para salvaguardarla, pero puede a la vez, de varias maneras sencillas, acompañarte en el viaje. No te sientas decepcionada a causa de la sencillez de estos encantamientos: no porque algo sea poco complicado va a carecer de poder.

De hecho, el que la magia de carretera sea simple te da más tiempo para dirigir la energía que creas y más tiempo para divertirte.

Invoca a la diosa Artemisa, a quien recurrían los viajeros griegos cuando deseaban un tiempo agradable, o a Hina, la patrona polinesia de los que viajan. Para invocar a Artemisa se usan bellotas, mientras que para rendirle honores a Hina se puede utilizar cualquier objeto que tenga dos caras.

## MARCA AL AZAR EL LUGAR ADONDE VAS

Si nunca has tenido ocasión de ir a ningún lugar sin planificación previa, has de saber que existe una manera de encontrar un lugar para una escapatoria mágica. Busca una rama en forma de Y, preferiblemente de avellano, sauce, manzano o arce, y extiende un mapa del área circundante sobre una mesa. Toma los dos extremos cortos de la rama, uno con cada mano. Sepárate de la mesa de modo que el extremo largo de la rama quede paralelo al mapa y por encima de su centro. Cierra los ojos y di:

*¡Quiero aventuras,*
*alegrías y placer!*
*¡Hina, guía mi mano*
*mientras esta rama desciende!*

Deja que la rama descienda hasta que toque el mapa. ¡Abre los ojos para que se te revele tu destino!

Si quieres encontrar algunos lugares interesantes mientras estés en la habitación de tu hotel, donde probablemente no tengas a mano ninguna rama, utiliza un lápiz.

Con los ojos cerrados, sostenlo encima del mapa moviéndolo en dirección de las manecillas del reloj hasta que termines de recitar el conjuro. Entonces, haz descender la punta. En el lugar que ésta marque comenzarán tus aventuras.

## ANTE TODO, LA SEGURIDAD

Cuando alguien viaja, una cosa que preocupa es la seguridad. Aunque puedas confiar en tu destreza al conducir, en la del chófer del autobús o en la del piloto del avión, no siempre es posible confiar «en otra gente». Y arriesgarse a que te vacíen los bolsillos o pasar las vacaciones en medio de un terremoto, no es precisamente la idea que la mayoría de las personas tienen de pasar un buen rato.

Para protegerte con la magia, toma un pequeño espejo, preferiblemente uno que quepa en un bolsillo, en un bolso o en el estuche de tu cámara. Sostenlo en las manos y hazlo girar tres veces en dirección contraria a la de las manecillas del reloj, mientras repites este conjuro cada vez que lo hagas:

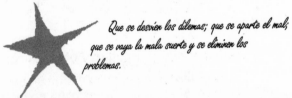

Que se desvíen los dilemas; que se aparte el mal; que se vaya la mala suerte y se eliminen los problemas.

Acto seguido, hazlo girar tres veces en el sentido de las manecillas del reloj, diciendo:

Artemisa, brilla en este espejo, para que la seguridad me acompañe en todo.

Toca el espejo y repite el conjuro cada vez que sientas la necesidad de hacerlo.

## VIVE COMO UN REY CON PRESUPUESTO DE CAMPESINO

La mayoría de nosotros, personas comunes, no siempre podemos darnos el lujo de mimarnos, ni siquiera en vacaciones.

Sin embargo, con un poco de suerte de inspiración mágica, durante tu viaje pueden suceder cosas que te harán sentir toda una reina. Tal vez encuentres algo de dinero en metálico extra, o alquiles una habitación de hotel más agradable, o te toque una comida gratis por ser la comensal número mil, o tengas alguna otra suerte inesperada.

Toma siete «lágrimas de apache» (nombre de una piedra), o siete pequeñas turquesas, y una pequeña bolsita u otro contenedor donde colocarlas. Deja que las piedras absorban la luz de la luna llena durante siete horas. Después, sostén las piedras en la palma de tu mano diciendo:

*Buena suerte, rápida suerte,*
*siete veces dichosa, la suerte es mía.*

Tenlas contigo en tu viaje. Cada vez que sientas una necesidad extra de buena suerte, lanza una de ellas al agua fluida o en una fuente mientras formules tu deseo.

## ¡AH, CARAMBA!

Si se diera una de esas situaciones que conducen a la frustración y a indeseables tensiones, prueba este fetiche. Vas a necesitar una pequeña bolsita que se cierre con un cordón pasado, preferiblemente hecha de un tejido natural, como algodón o lino.

El mejor color es el blanco, para la protección, pero es opcional. Ve al parque o bosque más cercano donde puedas coger doce bellotas (el número de meses en el año).

Tómalas una por una y hazlas caer en la bolsita a la vez que vayas pronunciando un encantamiento en que especifiques las necesidades que ha de cumplir cada una de ellas, como por ejemplo:

*Una, mi deseo de alegría; dos, mi deseo de buena travesía;*
*tres, mi deseo de relajación; cuatro, mi deseo de comodidad;*
*cinco, mi deseo de silencio;*
*seis, mi deseo de tener buenos compañeros de viaje;*
*siete, mi deseo de buen tiempo; ocho, mi deseo de seguridad;*
*nueve, mi deseo de diversión; diez, mi deseo de aventuras;*
*once, mi deseo de buenas conexiones de viaje;*
*doce, mi deseo de un viaje lleno de agradables recuerdos;*
*Artemisa, bendice estas bellotas. Cuando las plante en la tierra,*
*¡que crezca la magia y prospere la buena suerte!*

Cambia los deseos según tus circunstancias y objetivos. Lleva las bellotas contigo, pero siembra una sola cada mes, a no ser que surja una emergencia.

El Año Nuevo es el mejor momento para preparar este fetiche, sea en la víspera o en el día de Año Nuevo, aunque la anterior es más tradicional, para que la magia fluya a través de todo tu año; la otra alternativa es prepararlo durante el cuarto menguante de la luna, para que los problemas vayan disminuyendo hasta desaparecer.

## A CAL Y CANTO

No sabría decir cuántas veces he estado en hoteles donde había huéspedes bulliciosos o personas que se detenían accidentalmente junto a mi puerta e interrumpían mi profundo y apacible sueño. Para prevenir esta clase de molestias, utiliza tu letrero de «No Molestar» a guisa de componente del siguiente hechizo.

Echa un poco de colonia o perfume en tu dedo índice y traza un símbolo de paz en el letrero. Sigue trazándolo mientras lo visualices resplandecer con una blanca y vibrante luz. Cuando el letrero haya absorbido toda la energía (es posible que lo sientas tibio entre tus manos), cuélgalo en la puerta a la vez que recites este conjuro:

*Paz y silencio; cesen las molestias.*
*Sueño y reposo garantizados, para que me sienta a gusto.*

Para la magia de bolsillo, bendice la llave de tu habitación de una manera similar, pero cambia el encantamiento para que refleje tus objetivos. Por ejemplo:

*No molestar; apartaos de mí. Hoy deseo privacidad.*

Ya que tu llave está todo el tiempo contigo, creará una zona de protección mágica que te ayudará a evitar compañía indeseable.

## ANTIBUROCRACIA

¿Se ven tus planes de viaje enterrados bajo una montaña de trámites burocráticos, o tal vez dan la impresión de chocar contra el proverbial muro de problemas? Intenta desenmarañar las cosas valiéndote de este hechizo. Toma siete hebras de hilo o de cordel rojo. Átalas a tu mano diestra y concéntrate en las dificultades que estás afrontando. Deja que tu tensión fluya al cordel.

Ahora, abre la mano y ve sacando las hebras una tras otra mientras repites este encantamiento cada vez que lo hagas: «*Los problemas se van, las dificultades se vencen. Cuando desate este cordel, todos mis problemas desaparecerán*». Coloca el hilo o el cordel en un recipiente a prueba de fuego y quémalo, para que el fuego se lleve todos tus problemas.

Lleva las cenizas en una bolsita u otro recipiente. Y cada vez que vuelvas a tener problemas con la burocracia, saca una pizca de cenizas y deja que el viento las disipe. Esto hará desaparecer las dificultades.

## LA LUZ DEL SOL SOBRE MIS HOMBROS

A nadie le gusta pasar las vacaciones bajo la lluvia. Recuerdo unas vacaciones en Oregon en que compré una camiseta con este letrero: «¡La gente de Oregon no se tuesta, se oxida!». Esto da la idea de lo lluviosas que fueron aquellas vacaciones.

Para protegerte contra el mal tiempo, lleva un diente de ajo envuelto en un paño amarillo o dorado (color de la luz solar). Para potenciar este encantamiento, adapta una cancioncita infantil:

*Vete, lluvia, pronto,*
*demora en regresar.*
*¡Quiero un cielo claro, para poder jugar!*

Toca el amuleto y recita el conjuro cada vez que las nubes amenacen con aguar tu viaje.

## MAGIA PARA LAS COMPRAS

No hay nada más agradable que encontrar magníficos souvenirs y chucherías a buen precio. Este amuleto es para las personas preocupadas por su presupuesto y deseosas de estar seguras que está comprando artículos o servicios de calidad sin sobrecargar su cartera. Para prepararlo necesitas dos monedas halladas casualmente, una pieza de malaquita (para buenos negocios), y un paño verde (el color del dinero). Prepara el amuleto durante la luna llena, para propiciar que esté lleno tu bolsillo.

Envuelve las monedas y la malaquita en el paño verde y pellizca las monedas con los dedos índice y pulgar de tu mano diestra, diciendo:

*Una moneda ahorrada, una moneda pellizcada;*
*ahorrar dinero es pan comido.*
*El precio de los bienes que encuentre*
*ha de convenir a mi cartera y a mi bolsillo.*

Llévalo contigo cada vez que te dispongas a salir de cacería de gangas. A los tres meses, tira las monedas en un pozo o una fuente de deseos y refresca tu encantamiento con nuevas monedas. El dinero que se recolecta en tales lugares suele destinarse a las obras de caridad, y así tu buena suerte hará bien a otras personas.

## Componentes alternativos

Cualquier cosa que suelas llevar contigo cuando viajas puede convertirse en componente de una poderosa magia. Usa pequeños frascos de champú para eliminar negatividad y planchas de viaje para allanar dificultades, pon en tu maletín de viaje una bolsita aromática llena de hierbas estimulantes y unge tus billetes y pasajes con algún aceite protector, como mirra o pachulí.

En cuanto llegues a tu destino, obsérvalo todo en tu habitación de hotel o motel con una mirada igualmente creativa. Por ejemplo, utiliza la cubeta de hielo para enfriar los ánimos recalentados, y el gorro de ducha como componente en un hechizo para mantener a raya el mal tiempo. En cuanto al momento propicio, los miércoles son buenos para la inventiva.

## Señas equivocadas, rumbo perdido y hallado

Esta sección trata de las situaciones cuando resulta imposible viajar por el camino planificado por estar temporalmente bloqueado (debido a cualquier causa). Además, te ayudará a encontrar tu camino cuando estés perdida. Por último, aunque no menos importante, te ayudará a encontrar tu billetera o cualquier otro objeto personal de los que suelen extraviarse en los peores momentos posibles, ¡como cuando necesitas pagar la cuenta de un restaurante!

Para la bendición divina, invoca a la diosa griega Gaia, quien está al tanto de todo cuanto sucede en la Tierra y además rige sobre la adivinación. Con toda seguridad, sabe adónde tienes que ir, dónde tienes que buscar y qué es lo que has de encontrar cuando llegues allá. Como alternativa, invoca a la diosa romana Ops, la de las oportunidades y la buena suerte.

### EL LARGO VIAJE A CASA

Descubres de repente que te han bloqueado la vía de salida, te han cancelado el vuelo o han cambiado la ruta de tu autobús. Y ahora ¿qué? Con la magia de la

Diosa en tu bolsillo, todo no está perdido. Haz este encantamiento y tenlo a mano para tales situaciones.

Busca cualquier clase de semillas secas (Ops rige también sobre la siembra) y colócalas en un recipiente que se pueda sellar. Tómalo en la mano durante el cuarto creciente de la luna para mejorar tu buena suerte y actívalo con estas palabras:

*Ops, vierte tu magia sobre mí;*
*ayúdame a hallar una oportunidad*
*de llegar a mi destino con pocas molestias,*
*sea por aire o por tren, en coche o en autobús.*

Cuando se te presenten problemas, lanza algunas semillas a los pajaritos, para que lleven tus deseos en sus alas, y entonces comienza a examinar tus opciones. Rellena el recipiente cada vez que sea necesario.

## ESTO NO SE PARECE A KANSAS

Vas conduciendo tu coche, observas las indicaciones de carretera y, de pronto, te das cuenta de que nada se parece a las señas que te han dado. Te has extraviado y, si tienes tanta suerte como yo, no hay en los alrededores ni una gasolinera ni un paradero turístico. Como «es mejor precaver que tener que lamentar», prepara de antemano este amuleto para que te ayude a evitar tales problemas, o a despejarlos cuando se presenten.

Para este hechizo, te recomiendo utilizar una tarjeta Triple-A de gasolina, de seguro, o cualquier tarjeta similar que tengas siempre en tu coche. Sácala a la luz solar para despejar el pensamiento y di:

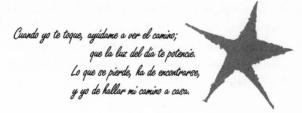

*Cuando yo te toque, ayúdame a ver el camino;*
*que la luz del día te potencie.*
*Lo que se pierde, ha de encontrarse,*
*y yo de hallar mi camino a casa.*

Cuandoquiera que te sientas perdida, toca la tarjeta y repite este conjuro. Si no es a casa donde vas, simplemente sustituye la última palabra con la designación de tu destino.

## LUPA MÁGICA PARA MAPAS

Es un objeto fácil de llevar contigo cuando viajes por carretera para que te ayude a encontrar el rumbo en cualesquiera circunstancias. Busca una pequeña y manejable lupa; cárgala durante cinco horas (el número de la conciencia) en la luz solar y en la luz lunar. Esto mejora tanto la naturaleza intuitiva como la lógica. Después, sostenla en las manos, diciendo:

*De noche y de día,*
*gaia me guía.*
*A través de esta lente*
*lo que pasa no me miente.*

Utilízala para estudiar mapas cada vez que no estés segura de si vas por el rumbo acertado.

## TALISMÁN PARA EL TRÁFICO

Llamamos «hora punta» a ese condenado horario en que nadie puede llegar a ninguna parte. El talismán para el tráfico sirve precisamente para hacer que te puedas mover con rapidez o, al menos, sin tropiezos. Actúa también como protección contra accidentes, que suelen ocurrir en medio de aglomeraciones de tráfico.

Un sábado, preferiblemente cuando la luna esté en Virgo (para sano juicio) toma una piedra de jade (que protege contra accidentes que son prevenibles si se presta atención) y átala a una campanilla (para la paciencia). Échale unas gotas de aceite WD-40 (para recuperar simbólicamente lo perdido). Envuélvelo todo en un paño y colócalo en la guantera. Cada vez que te veas en una situación aparentemente sin salida, saca este talismán y ponlo sobre el panel de instrumentos, con estas palabras:

*El jade para protegerme en el camino;*
*la campanilla para despejar mi irritación;*
*el aceite para facilitarme el paso,*
*para despejar este tráfico que me detiene.*

Sigue cantando hasta que la situación se resuelva. Refuerza este talismán una vez al año agregándole unas gotitas de aceite. Además, este amuleto, si lo llevas contigo, te puede ayudar también en los viajes por autobús o por avión.

## ¿DÓNDE, OH, DÓNDE?

Estás a mitad de camino a casa y de pronto te das cuenta de que algo te falta. Un bolso, un alfiler, un abrigo…, cualquier objeto que se extravíe puede echarte a perder un día entero. Este amuleto sirve para ayudarte a recuperar los objetos extraviados y a reducir las pérdidas en el futuro.

Para empezar, toma un pequeño imán, un cordel bastante largo y un papel sobre el cual has de escribir el nombre del objeto perdido. Envuelve el imán en el papel y amárralo con el cordel. Deja bastante cordel como para halar cómodamente el bulto a través de la mesa y sostén el extremo en tu mano. Concentra toda tu atención en el objeto, en su aspecto, y en el último lugar donde lo has visto. Recoge lentamente el cordel mientras susurras: «*Retorna a mí*».

Cuando el bulto llegue a tu mano, enróllalo con el extremo restante del cordel y tenlo contigo mientras buscas. En cuanto encuentres o recuperes o reemplaces el objeto perdido, quema el cordel y el papel con una oración de gracias y conserva el imán para que el resto de tus posesiones estén siempre atraídas hacia ti.

### Componentes alternativos

Un mapa es un componente perfecto para la magia de bolsillo: ayuda a buscar direcciones y hace las veces de brújula. En el coche, coloca un azabache sobre el panel de instrumentos para que te proteja contra los peligros de la carretera. Si viajas en una embarcación, una piedra lunar te mantendrá en el rumbo correcto. Lleva una consuelda en tu billetera para que te proteja en tu viaje contra cualquier contratiempo.

Como momento propicio, elige la luna llena (sobre todo si ocurre un lunes) para mejorar tus instintos y criterios. El mes de noviembre es bueno para mejorar las percepciones psíquicas, y la luna en Libra ayuda a discernir.

## Automagia

Para la mayoría de nosotros, el coche es casi imprescindible. Ya se han quedado muy atrás los días en que un caballo o un par de buenas piernas constituían todos los medios de transporte que se pudiera necesitar. Hoy en día ya nos hemos acostumbrado al acogedor aspecto de un coche que nos espera en la entrada para llevarnos adonde deseemos, ¡sobre todo cuando está lloviendo! Así pues, esta sección está dedicada a un miembro de nuestra familia que escucha impasiblemente las imprecaciones que dirigimos a otros conductores y está siempre dispuesto a satisfacer nuestros caprichos de transporte: nuestro coche.

Invoca a Epona, la diosa céltica protectora de caballos, para que bendiga y energice tus esfuerzos. Puesto que los caballos fueron el primer medio de transporte de la humanidad, esta diosa parece ser una buena elección para proteger nuestros «caballos de fuerza» a fin de que estén sanos y salvos. Para llamar la atención de

Epona, esparce granos de maíz como ofrenda o deja para ella una copa de vino.

## Magia para estacionamiento

Como vivo en una ciudad, conozco muy bien las dificultades de aparcar en el centro. Una de dos: o no se encuentra espacio, o los que hay son demasiado caros. Para superar este problema puedo aconsejar dos técnicas.

La primera consiste en tomar un puñado de monedas, cargarlas a la luz de la luna llena para la buena suerte y guardarlas en tu coche. La próxima vez que necesites un lugar donde estacionar tu coche, toma una de estas monedas y álzala hacia el cielo. Ésta es tu ofrenda a Deméter, la diosa de buenos sitios de estacionamiento. En cuanto encuentres uno, dale a Deméter su moneda. Si has encontrado un lugar gratuito, échala en algún otro parquímetro cuyo tiempo esté venciendo, ¡así la diosa habrá recibido lo suyo, y tú bendices el día de otro!

Como alternativa, conozco a varias personas que para encontrar un buen estacionamiento usan esta invocación: «*¡Gran Sqat, necesito un lugar!*». Cántalo hasta que se desocupe un espacio.

### TALISMÁN PARA LOS EXCESOS DE VELOCIDAD

Este hechizo no pretende animar a nadie a quebrantar la ley. Realmente, la mejor «magia» para los excesos de velocidad es el uso del sentido común. No obstante, hay algunas «trampas intencionales» que esperan al viajero descuidado para ensañarse con él. Para evitar estos problemáticos lugares, bendice tu radar-detector con un conjuro similar a este:

*Indícame dónde están las trampas,*
*muéstrame dónde me esperan las trampas.*
*Epona, quédate a mi lado,*
*desvía de mí las multas.*

Como alternativa, unge tu timón con algún perfume que te permita mantenerte alerta, como lilas o romero. Mientras lo hagas, recita el conjuro.

### FETICHE MECÁNICO

Soy una de esas personas que no sirven para la mecánica. Es por eso que quise hacerme con un encantamiento útil y portátil que me ayudara en momentos de dificultad. Para mi coche, he reunido una caja de herramientas perfectamente funcionales, llena de fusibles de repuesto, bombillas, cinta adhesiva aislante y paños húmedos desechables. Los paños son los portadores del hechizo, pero como están junto con el resto de las herramientas, la energía mágica lo impregna todo.

Coloca los paños (los pañales para bebé son una posibilidad) en un recipiente pequeño de cierre hermético. Échales una pizca de salvia (para la sabiduría), una hoja de apio o un poco de alcaravea (para la agudeza mental), una hoja de menta (para tener ideas frescas y para alejar la negatividad) y algo de té negro (para animarte a, por lo menos, tratar de hacerlo). Deja este recipiente a la luz solar durante una hora (el número que representa el autodominio) y, en el último minuto, pronuncia este conjuro:

*Haz que me vuelva hábil,*
*haz que mi vista se vuelva aguda;*
*cualesquiera que sean los problemas,*
*¡haz que yo los descubra!*

Coloca el recipiente en tu caja de herramientas. Recita este conjuro cada vez que tengas que hacer un «arreglo rápido». Deja que te guíen, lo mejor que puedan, tus cinco sentidos.

Además, estos paños te servirán cada vez que necesites mejorar tu perspectiva o situación.

### ¡LADRONES, EN GUARDIA!

Cuando vivía en el sur de Boston, unos chiquillos solían divertirse cada anochecer moviendo mi coche (¡sí, literalmente, se apoderaban de él y lo movían!). Como en el ambiente urbano, muchas veces inseguro, vive un número cada vez mayor de personas, no estaría mal proteger tu coche con un poco de magia.

Para este amuleto necesitarás algún bastón u otro dispositivo antirrobo. Como alternativa, si éstos te resultan demasiado caros, usa un trozo de alambre de plata (o algo que tenga su color, como el papel de aluminio), enrollado en forma de dos cuernos (para ahuyentar las malas intenciones) y una pequeña turquesa. Ambos protegerán tu coche y a ti misma en barrios peligrosos.

Si utilizas el alambre, ensarta en él la turquesa; si usas el papel de aluminio, envuélvela en él.

Si te es posible, trabaja durante el cuarto menguante de la luna, para que se desvanezca el insano interés hacia tu coche. Esfuérzate por visualizar una luz blanca que va llenando tu talismán mientras pronuncies:

*¡Ladrones, fuera!*
*Volveos a vuestra guarida.*
*Recibid vuestra negatividad*
*por triplicado.*

Si usas un dispositivo antirrobo, asegúrate de activarlo debidamente después de aparcar tu vehículo. Si no, guarda tu amuleto en la guantera o debajo de tu asiento.

## PARA BENDECIR EL COCHE

Antes de conducir, toma contigo y ponlo en tu coche alguna esencia aromática protectora, como aceite de ajo, jugo de cebolla o de pepinillo encurtido. Traza un pentagrama invocador en el capó de tu coche con el dedo índice de tu mano diestra (empezando por la izquierda superior y terminando en la derecha superior de la estrella), mientras dices:

*Epona, escucha mi plegaria*
*y bendice el Norte y el Sur,*
*el Este y el Oeste.*
*Dondequiera que yo vaya,*
*cerca o lejos,*
*mantenme segura dentro de este coche.*

Repite esto todas las veces que desees. Si no puedes conseguir las esencias aromáticas, usa saliva: desde hace mucho tiempo se considera que posee poder personal.

## Componentes alternativos

Usa cualquier cosa que lleves regularmente en tu coche: vasos de viaje para el agua (para que el viaje «fluya»); un monedero para la prosperidad; gafas de sol para agudizar la visión; líquido limpiador del parabrisas potenciado para protegerte contra la adversidad de los elementos, y un asiento de niño, bendecido, para la seguridad.

En cuanto al tiempo, la auto magia se aviene bien, en su mayoría, con el cuarto creciente hasta la luna llena, que son propicios a su manifestación. Trabajar los martes ayuda a la percepción consciente. Los encantamientos hechos en agosto ayudan a la armonía entre tu vehículo y tu persona, mientras que los hechizos producidos cuando la luna está en Sagitario enfatizan un sabio dominio de esta clase de tecnología.

## Para cualquier vehículo

Gracias a las maravillas tecnológicas, nuestro mundo ofrece numerosas alternativas de transporte. Podemos conducir, viajar en tren, en autobús, o volar en avión o en helicóptero. ¡Algún día estas opciones incluirán naves espaciales! Por consiguiente, nuestra magia ha de ampliarse y variar para corresponder a las demandas de una cultura en rápida transformación que avanza a gran velocidad. Esta parte del libro comparte contigo algunas ideas prácticas para la magia de bolsillo que tiene que ver no con tu coche sino con otros vehículos.

La diosa de la magia vehicular es Inari, protectora japonesa de los zorros (a veces es un dios), quien rige sobre la herrería y la modelación en metales, esenciales para la construcción y el mantenimiento de nuestros vehículos modernos.

### AMULETOS PARA BICICLETAS Y MOTOCICLETAS

Ambas son maravillosas para recorrer lugares de interés y consumen poca (o ninguna) gasolina, pero exponen al conductor a peligros prácticamente inexistentes para quienes viajan en un coche. Ya que el uso del casco es, en ambos casos, obligatorio en muchos estados, recomiendo que uses tu casco como base para un práctico amuleto.

Además, necesitarás un pedacito de cinta adhesiva en la que escribir la palabra *seguridad* o *protección* de la siguiente manera:

| | |
|---|---|
| S | P |
| SE | PR |
| SEG | PRO |
| SEGU | PROT |
| SEGUR | PROTE |
| SEGUIR | PROTEC |
| SEGURID | PROTECC |
| SEGURIDA | PROTECCI |
| SEGURIDAD | PROTECCIÓ |
| | PROTECCIÓN |

Este es el formato inverso al antiguo encantamiento de *abracadabra*, creador de la energía positiva. Mientras escribas, invoca la bendición de Inari con estas palabras:

*Protección y escudo,
sujetos en esta cinta,
por voluntad de Inari,
estaré segura siempre.*

Pega la cinta adhesiva al interior de tu casco. Repite la invocación cada vez que te lo pongas.

## AMULETO PARA VIAJAR EN AVIÓN

Ya que no tenemos alas ni plumas, algunas personas se ponen muy nerviosas cuando viajan en avión. Incluso quienes disfrutan de volar, pueden sentirse más seguros si llevan consigo un poco de la magia de la Diosa. Para este amuleto necesitarás una piedra lunar (que fomenta la protección y mejora la compostura), una pluma (que representa el vuelo) y algo para unir estos dos objetos. Tómalos en una mano y di:

*Inari, responde a esta solicitud,
te estoy pidiendo seguridad.
En mi viaje aéreo
protégeme mientras vuele.*

Sujeta la piedra a la pluma y llévalas contigo cada vez que tengas que viajar en avión. Una vez al año prepara un amuleto nuevo, mientras que la piedra y la pluma usadas devuélvelas a la tierra expresándoles tu agradecimiento.

## TALISMÁN PARA VIAJAR EN TREN, EN AUTOBÚS Y EN EL METRO

Cada medio de transporte público tiene sus propios peligros, entre los cuales el robo y el asalto no son de los menos frecuentes. Así que confecciona un práctico talismán, utilizando como base un pimentero. La pimienta es protectora y ahuyentadora debido a su causticidad.

Coloca el pimentero a la luz solar durante siete horas para ahuyentar las sombras y la negatividad, y a la luz lunar durante otras siete para agudizar tu percepción consciente.

Después, tómalo con ambas manos y visualiza una luz brillante y pura que lo llena, mientras dices:

*Protección y seguridad, no me abandonéis,*
*pido a este objeto estar a salvo.*

Átalo a tu llavero para que esté siempre contigo.

### Componentes alternativos

Los componentes mágicos son específicos para cada vehículo. Para una bicicleta o motocicleta utiliza alforjas como componentes para «sostener» diversos tipos de energía, un cuerno para «abrirte paso» y un espejo retrovisor bendecido para la agudeza visual. En una embarcación, usa para tu bienestar píldoras potenciadas contra el mareo.

En cuanto al tiempo, trabajar los jueves ayudará a que tus planes se cumplan sin tropiezos, y el mes de enero mejora tu previsión. Preparar los hechizos cuando la luna está en Acuario ayuda al disfrute personal, mientras que el cuarto menguante ayuda a disminuir las dificultades.

## Presagios de felicidad

Ser capaz de predecir el futuro observando señales de la naturaleza es una de las formas más antiguas de la adivinación. Como tus ojos van contigo mientras avanzas por la carretera, úsalos para «ver» místicamente lo que te espera en el viaje. Dirígete a Siduri, diosa-oráculo sumeria, quien da también buenos consejos, para que te ayude con sus profecías. Para llamar su atención, vierte un poco de cerveza. Como alternativa, si lo haces un domingo, martes, jueves o sábado, llama a Pingala, la diosa hindú de la adivinación.

## CUÁL ES TU SIGNO

Piensa un instante sobre tu día. ¿Puedes pensar en lo que más te gustaría averiguar? Concéntrate en este interrogante durante cinco minutos. Ahora, cuenta lentamente hasta doce. La primera señal de tráfico que veas después de dejar de contar representa la respuesta a tu pregunta. He aquí algunas interpretaciones de muestra:

Stop: Te esperan problemas; opta por seguir por otro camino.

Badén: Estás enfrentando un obstáculo que se puede evitar o superar.

Velocidad límite: Aminora la velocidad, estás pasando por alto algo.

Curva: Hay un cambio en el horizonte, ten cuidado.

Otros peligros: Algún tipo de peligro exige toda tu atención.

*Intersección en T: Debes decidir entre dos opciones igualmente atractivas. Elige con cuidado la senda por donde vas.*

*Fusión de vías: Debes integrarte y alternar más sin interferir en tus actividades corrientes.*

*Rotonda: Hay en tu vida un ciclo reiterativo. Rompe el patrón si deseas cambiar.*

*En rampa: Se te ofrecen nuevas oportunidades.*

## MATRÍCULA CONSEJERA

Sigue el mismo procedimiento que antes, piensa en tu interrogante y después toma nota mental de la primera matrícula que veas después de contar hasta doce. Los números, las letras, o ambos, pueden ayudarte a recibir una respuesta. Para obtener una respuesta numérica, suma los números (ver «Hazlo con números», en el capítulo 2).

Si este número no parece tener ningún significado especial, mira las letras.

¿Forman una palabra? ¿Son iniciales de alguien conocido que podría ser importante para tu pregunta?

Algunas letras, como I y O, tienen significados alternativos. La «I» es igual a «Yo» y podría significar que la respuesta a tu interrogante debes buscarla en ti misma. La «O», similar a un círculo, puede representar protección o ciclos.

## CONGA — ALCANCÍA

Para esta adivinación necesitarás una alcancía y dos monedas de cada tamaño:* dos de 20 céntimos, dos de 10, dos de 5 y dos de un céntimo.

Sostén la alcancía en la mano y sacúdela como si fuera un cubilete de dados mientras pienses en tu problema.

Cierra los ojos por un instante y pronuncia:

*Siduri, guía mi mano;
deja que tu mensaje
aterrice ante mí.*

Inclina la alcancía y vuelve a sacudirla hasta que una de las monedas salga por la ranura. Su denominación te dará la respuesta.

Interpretaciones potenciales pueden ser las siguientes:

---

* Dependiendo de la moneda del país.

*Para la de 1:* Hay algo que está en juego. Es un asunto de poca monta: tienes que invertir algo, pero el riesgo para ti es mínimo.

*Para la de 5:* Vigila tu dinero. Asegúrate de que alguna persona o situación no te triture hasta la muerte.

*Para la de 10:* Por más que lamentemos que una llamada telefónica ya no cueste lo que costaba hace unos años, esos tiempos han pasado. De la misma manera, has de dejar atrás algo de tu pasado.

*Para la de 20:* Necesitas comunicarte con mayor eficacia o abrirte para conversar con alguien con franqueza.

El valor interpretativo de las monedas puede aumentarse tomando en consideración el valor numérico del año en que fueron acuñadas. Como alternativa, para mayor variedad agrega monedas de otros países y asígnales un significado.

Consejo útil: conserva las monedas de 20 y bendícelas para la magia doméstica (ver «Un *quarter* en cuatro» en el capítulo 2 o «Magia del estacionamiento» en este capítulo).

## A LA CAZA DE TESOROS

Entre las tribus aborígenes americanas se considera que el hallar objetos (sobre todo, objetos naturales) en lugares inusuales es un mensaje del Universo sobre el destino de la persona. Así que mientras viajas estate atenta por si encuentras algo extraño, único o a todas luces fuera de lugar. La lista de posibles interpretaciones es larga, teniendo en cuenta cuántas cosas pueden entrar en esta categoría. Así y todo, he aquí algunas interpretaciones potenciales que podrías tomar en consideración:

*Dinero:* Un buen presagio. Vendrán mejoras, sobre todo económicas. Guárdalo y utilízalo como encantamiento para abundancia.

*Una pluma negra:* Vigila tu salud. No te sobrecargues. Utilízala en tu botiquín como amuleto para la buena salud.

*Joyas:* Dentro de poco tendrás una ocasión social de carácter formal. Bendice y poténciala para atraer.

*Un sombrero:* Piensa en tus opciones antes de tomar una decisión.

*Una pelota:* Ponte «al bate» en una situación dada. Lánzala a un niño con deseos de que la disfrute.

*Un libro:* Si estás pensando en aprender algo nuevo, un libro es un signo muy bueno. Guárdalo para cuando tengas interrogantes sencillos. Ábrelo y lee la primera oración que veas para que te de la respuesta.

*Un alfiler:* Si apunta hacia fuera, se te avecina un viaje. Guárdalo para la magia de bolsillo que tenga que ver con descifrar charadas y apuntar a un objetivo.

*Un clavo:* Es una cosa útil. Guárdalo para la buena suerte.

*Una envoltura de caramelo:* Lee lo que está impreso sobre ella para descubrir algún significado obvio. Por ejemplo, «Alegría de almendras» puede significar felicidad. En este caso, guárdala para algún hechizo que procure alegría.

Cuando encuentres algo, esté o no en esta lista, deja que tu intuición y la magia de la Diosa te guíen para comprender el significado. Trata de invocar su asistencia sosteniendo el objeto que has encontrado y diciendo:

*Pingala, ayúdame a comprender tu mensaje que has dejado en mi mano.*

Sigue repitiendo esta frase hasta que «se te ilumine el cerebro» y tengas esa sensación de «*¡Ah, ya!*».

## PÁJAROS QUE HABLAN

¿Has oído esa vieja expresión de «me lo dijo un pajarito»? Observa los pájaros para saber lo que va a suceder mientras estés fuera. Si los pájaros vuelan a tu derecha o hacia la derecha, esto significa que tendrás un buen día. Si es a la inversa, o sea, hacia la izquierda, esto presagia dificultades. Direcciones mixtas te auguran un día que tendrá sus altas y bajas y que podrás superar por medio de planificación.

Mirlos y azulejos presagian felicidad. Los cuervos son una mala señal. Un pato significa un amor nuevo o reencontrado, las águilas y los halcones predicen éxito, mientras que un pitirrojo augura que pronto se te cumplirá un deseo.

Si eres lo bastante afortunada como para ver un pájaro perder una pluma y que ésta caiga cerca de ti, recógela para darle uso en tu magia de bolsillo.

# MAGIA EN RELACIONES

La familiaridad proporciona oportunidades.

GOODMAN ACE

En cualquier época o cultura, dondequiera que se pueda encontrar románticos, enamorados incurables que viven de esperanzas o personas que «teman comprometerse», siempre se encontrará también a la Diosa, empeñada en que las cosas marchen. Desde luego, el escenario de las relaciones amorosas ha cambiado con los años. Ya no hay caballeros de armaduras resplandecientes (a no ser los que llegan en un BMW), y la idea de «ser felices hasta la muerte» parece pertenecer al mundo de la ficción. Aun así, el amor no ha pasado de moda. Todos, igual que antes, necesitamos sentirnos atractivos a los ojos de otros, seguimos anhelando compañía, y la magia de la Diosa, como siempre, está ahí para ayudarnos.

¿Deseas que alguien que no pasa de ser un simple conocido se te insinúe? ¿Te gustaría que ese tío que está allí enfrente te mire con una adoración mayor que aquella con la que miran un vaso de cerveza en un día caluroso? ¿Deseas flirtear con algo más que pensamientos? ¡Pues hazlo! Abraza a la Diosa de todo corazón para que su energía dé vida a tus asuntos amorosos.

## Orientación gitana

Recuerdo que de niña tiraba al viento peladuras de manzana para adivinar la inicial del nombre de aquél con quien me casaría. En la adolescencia, jugábamos a girar la botella con esperanza de darle vida a algún pequeño interés. Después, ya de adultos, el juego de citas y amores prosigue: ¿será el número uno, el número dos, o alguien más en un apartamento apenas mayor que una caja de zapatos? ¿Acaso no sería conveniente conocer si ese alguien resultaría o no un buen compañero? ¡Un poco de magia nos puede ayudar!

Esta sección está dedicada a hechizos que nos ayudan metafísicamente a discernir entre los «quién», «dónde» y «cuándo» de las relaciones. Además, cada hechizo tiene al menos un componente portátil para atraer a la persona precisa en el momento preciso.

Para los asuntos del corazón, invoca a la

¿Joe?
¿John?
¿Jim?

diosa nórdica Freyja, que rige sobre el amor, la sabiduría, la previsión y, un poco, la buena suerte (que nunca está demás). A Freyja se le puede representar con plumas, imágenes de gato, de halcón o perfumes embriagadores.

## DULCES SUEÑOS, NENA

Una de las maneras más antiguas de predecir el futuro es por medio de la interpretación de sueños de inspiración divina. En este caso, combinarás hierbas mágicas conocidas por su facultad de producir visiones proféticas con una plegaria a la Diosa solicitando su asistencia.

Prepara una pequeña bolsita llena de pétalos de caléndulas y de rosas. Exponla a la luz de una luna llena. Mira al cielo mientras pronuncies:

*Freyja, presta oídos a mi deseo*
*de sueños ahora que estoy aquí a la luz de tu luna.*
*Escúchame desde el alto cielo;*
*ayúdame a encontrar mi único verdadero amor.*

Coloca la bolsita debajo de tu almohada por la noche cuando desees soñar con amantes potenciales. De día, llévala contigo para que la Diosa pueda abrir el camino para que tu magia comience a manifestarse.

## ESPEJO, ESPEJO EN LA PARED

Dicen los románticos empedernidos que cada alma tiene un compañero que refleja los deseos de su corazón tan fielmente como el espejo refleja nuestra imagen. Adopta esta idea y ve un poco más allá: toma un espejo de mano, preferiblemente uno que puedas llevar contigo. Durante el cuarto creciente y la luna llena dibuja con aceite de sándalo una espiral alrededor del cristal del espejo, con movimientos desde el borde externo hacia el interno.

Cada vez que completes un círculo y hasta que llegues al centro, repite este conjuro:

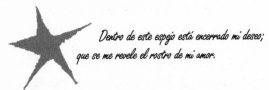

*Dentro de este espejo está encerrado mi deseo; que se me revele el rostro de mi amor.*

Observa si en la superficie del espejo han aparecido símbolos o imágenes. Todo cuanto se materialice tendrá relación con un futuro amor. Por ejemplo, si ves nubes rojizas, tu compañero será pelirrojo o su color preferido será el rojo. Si ves un edificio, puede ser que sea allí donde él viva, o donde vais a encontraros.

Lleva el espejo contigo para conservar las vibraciones de tu deseo activado.

## PELADURAS Y SEMILLAS DE MANZANA

Varios hechizos de la época victoriana recomiendan utilizar las peladuras y semillas de manzana para leer el futuro en las cuestiones de amor. Se lanza una peladura de manzana por encima del hombro derecho mientras se piensa en el deseo de encontrar pareja. Si la peladura, al caer, adopta la forma de un número, éste indica la cantidad de días, semanas, meses o años que transcurrirán antes de que encuentres a ese alguien especial. Si adopta la forma de una letra, será la inicial del nombre de esa persona. Cuando termines, seca la peladura de manzana y utilízala como incienso o como parte de un encantamiento portátil para atraer hacia ti la energía de amor.

Cómete la manzana para interiorizar un pequeño extra de amor hacia ti misma; esto mejorará tus perspectivas. Toma las semillas y tíralas en dirección a una fuente de fuego, diciendo:

*Semillas de manzana que estallan y vuelan,*
*mostradme dónde está el verdadero amor.*
*Freyja, responde a mi ruego:*
*¡Dime si está al Norte o al Sur, al Este o al Oeste!*

La dirección en que vuelen la mayoría de las semillas indicará la región donde encontrarás a la persona en cuestión. La cantidad de semillas indica el número de días, semanas, meses o años que han de transcurrir antes de que esto ocurra. Ahora, estas semillas pueden ocupar su lugar en tu encantamiento amoroso para que las cosas vayan bien.

## CLARO COMO UN CRISTAL

Búscate un cuarzo rosado (color del cariño) que te quepa en la palma de la mano. Piensa en tu deseo de encontrar una buena pareja. Cierra por un momento los ojos mientras pronuncias:

127

*Espíritu de cristal, ¿quién ha de ser*
*mi verdadero amor? ¡Tráemelo!*
*Volutas de luz, decidme*
*cuándo empezará mi romance.*
*Y ¿dónde, dónde está mi amor?*
*Haced que mis ojos vean la verdad.*

Abre los ojos y mira la superficie de la piedra que refleja la luz solar (o la luz de una vela, si te es posible). No busques ver nada específico, limítate a observar cómo se forman cúmulos de imágenes. Pueden adoptar formas de letras, figuras o símbolos que responderán a tu pregunta.

De ti depende interpretar exactamente lo que estas imágenes significan. Después, guarda la piedra y llévala contigo para que te ayude a atraer a las personas convenientes.

### Componentes alternativos

Cualquier medio de adivinación portátil, como runas, piedras, hojas de té o una pequeña baraja de tarot te ayudará a tener una visión general de las energías predominantes en cualesquiera circunstancias. Ingiere huevos y uvas o bebe vino de dientes de león para elevar tu capacidad adivinatoria.

Lleva contigo estaño para la buena suerte y para mejorar la previsión, o una obsidiana para que mejore tus instintos.

Los esfuerzos adivinatorios se pueden acentuar si se trabaja durante la luna llena, los lunes, o cuando la luna está en Cáncer, todo lo cual acentúa la naturaleza lunar.

El mes de septiembre energiza el entendimiento místico.

## Encantos para encantar

Despertar el interés de alguien y retener a esta persona se ha vuelto en estos días un asunto bastante peliagudo. En un tiempo muy breve, las relaciones específicas entre géneros se han invertido, dejando a la mayoría de nosotros confusos y aturdidos. Los hombres no saben si han de ofrecer asientos y abrir puertas, por miedo de ofender a alguien. Las mujeres no están seguras de si han de dar el primer paso. Los padres no tienen idea de qué consejo dar a sus hijos cuando van a su primera cita.

Aunque los viejos rituales de cortejo han pasado de moda, la Diosa te puede ayudar en la contingencia de tratar de atraer la atención de un admirador y, una vez logrado esto, conservarla. Venus, la diosa romana de la atracción, el amor y el placer, es una buena elección en tales casos. Para mejorar la autoestima, Venus puede hacer que el más torpe aprenda a bailar. ¡Fred y Ginger, abran paso!

## EL AMOR ESTÁ EN EL AIRE

Una de las maneras más sutiles y fáciles de atraer pareja es usando aromas seductores. Exactamente del mismo modo que el olor del pan recién horneado atrae nuestra atención, una colonia o perfume bien escogido puede incitar el «apetito» de otra persona.

Para este encantamiento, toma un frasco de muestra de tu perfume favorito y una vela rosada que tenga de adorno un corazón. Enciende la vela en una ventana donde pueda recibir la luz de la luna (preferiblemente, la luna llena).

Coloca el frasco de perfume frente a la vela con estas palabras:

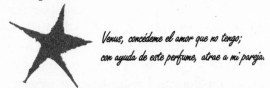

*Venus, concédeme el amor que no tengo;*
*con ayuda de este perfume, atrae a mi pareja.*

Deja que la vela se consuma naturalmente; después, llévate el perfume y échate unas gotas cada vez que vayas a una reunión de carácter social. Puedes energizar esta magia repitiendo la invocación mientras te echas el perfume.

A propósito, si tienes un buen envase hermético, puedes preparar tus propios aceites para atraer el amor agregando unas gotas de aceite esencial a una base de aceite de almendras, hasta que te guste el olor. Entre los aromas que atraen puedes elegir canela, jengibre, jazmín, limón, naranja, vainilla y rosa.

## BUSCANDO EL AMOR (EN TODOS LOS LUGARES EQUIVOCADOS)

Es difícil que encuentres pareja estable en un bar para solteros. Así que, llegado el caso, ¿dónde hay que buscar el amor? ¿En museos, conciertos, boleras? Todas estas son posibilidades, pero incluso si encuentras una persona con intereses afines, así y todo resulta difícil determinar perspectivas específicas. Es aquí donde puede ayudar este amuleto.

Toma un par de gafas de sol rosadas y lávalas con jabón de lavanda para intensificar tu percepción espiritual (esto te ayudará a reconocer a la persona que tenga las «vibraciones» necesarias). Mientras las laves, ve diciendo:

*Para que des el paso, me quito las gafas rosadas;*
*al conocer su verdadera naturaleza,*
*he aprendido la lección.*
*Cuando vaya a una cita,*
*encontraré a una buena pareja.*
*Los sinvergüenzas que no me interesan,*
*fuera de mi camino.*
*¡A la hora que sea, Venus, dame tu poder!*

Lleva estas gafas puestas cuando vayas a reunirte con otras personas, pero quítatelas antes de pasear la vista alrededor de un salón, para que no estés mirando a través de «un cristal color de rosa» en el sentido literal.

## SUENA MI TIMBRE

Das a alguien tu número de teléfono, pero ¿te va a llamar? Si te sientes un poco impaciente, prueba este talismán.

Escribe en un papel el nombre de la persona que deseas que te llame. Haz esto durante la luna creciente para fomentar la comunicación. Adhiere al papel un trocito de mica (que mejora el discurso) mientras repites siete veces este encantamiento (para que se cumpla):

Venus, cumple mi ruego;
haz que — — — — — — — — — — —me llame.
Cuando al fin conversemos,
llena el ambiente con tu magia.

Escribe en el espacio en blanco el nombre de la persona. Deja este talismán debajo de tu teléfono (o módem) cuando estés en casa esperando su llamada. O llévalo contigo para aumentar la posibilidad de que te tropieces casualmente con esta persona y pases un rato estupendo cuando esto ocurra.

## DESEOS AL VIENTO

Éste es un hechizo muy útil porque puedes emplearlo para lanzar cualquier deseo al universo. Sólo tienes que reemplazar el elemento base por el que vaya bien con tu deseo.

Vas a necesitar una taza de pétalos de rosas y lavanda. Sácalos a la intemperie en cualquier día en que soplen vientos del Sur (para la pasión). Libera lentamente la mitad de esta mezcla mientras vayas girando en la dirección de las manecillas del reloj con estas palabras:

*Sur y Oeste, Norte y Este,*
*dejad que esta magia no cese nunca,*
*hasta que encuentre a mi compañero del alma,*
*con el que compartiré mi destino.*

Conserva el resto para liberar una pequeña cantidad cada vez que estés cerca de un agua corriente o que sientas el soplo de una tibia brisa. El agua dará curso a tu deseo, mientras que la cálida brisa inspirará cálidos sentimientos.

## PARA CURAR EL TERROR A LAS CITAS

Así pues, al fin has encontrado a alguien a quien te gustaría proponer una cita, pero, definitivamente, te falta valor. ¿Qué hacer? Vuelve al bolsillo de la Diosa y busca allí un poco de desenvoltura, comenzando con este encantamiento.

Ante todo, compra un aerosol desodorante bucal, preferiblemente con olor a menta verde (la menta verde es una hierba del amor y la atracción). Con el aerosol en la mano, visualízate conversando con la persona en cuestión y proponiéndole una salida. Agrega un conjuro como este:

*Que mis palabras sean acertadas
y bien acogidas.
Cuando llegue el momento de hablar,
que el valor me acompañe.*

La próxima vez que tengas la oportunidad de acercarte a esta persona, échate un poco del aerosol en la boca y ¡adelante! También puedes hacer uso de este encantamiento cada vez que necesites hablar sin ambages.

## EL HADA MADRINA

¿Has deseado alguna vez tener un hada madrina que te abra todas las puertas? Este pequeño fetiche está diseñado para aportar a tu vida un poco de mágica seducción. Ante todo, en la primera noche de luna llena deja en el alféizar de tu ventana un poco de crema y un pastelito dulce. Esto actúa como ofrenda a los seres invisibles e invoca su presencia para que ayuden en la confección del fetiche.

En la segunda noche de luna llena necesitarás de algo que funcione a guisa de varita mágica. Puede ser una pluma, una varita de juguete (de esas que tienen estrellas en su interior) o incluso un mondadientes con una estrella dorada en su extremo. Elige lo que quieras con tal de que sea portátil. Sácalo a la intemperie y apúntalo en dirección a la luna, diciendo:

*Silfos, elfos y hadas,
atended a mi urgente llamamiento.
Por toda mi devoción, por todo mi amor,
ayudadme a hallar a aquel que espero.*

Lleva la varita contigo en situaciones sociales. Si te es posible dejar otro pequeño regalo a los seres invisibles cada vez que vayas a hacer uso de la varita, tanto mejor.

## Componentes alternativos

Potencia tu ropa para volverla más seductora. Lleva bisutería cargada de energía (ámbar, ojo de gato y jaspe son buenas elecciones para la atracción sexual). Salpica tu calzado con polvo mágico energizado (brillo), así estarás más brillante a los ojos de la gente.

En cuanto al momento propicio, trabaja durante la luna creciente para que las cosas fructifiquen. Los miércoles intensifican la fantasía, el mes de agosto mejora la armonía interpersonal y la luna en Acuario da alegría.

Otros días buenos son los que por tradición son los festivos de Venus, o sea el 28 de abril, el 23 de mayo, el 19 de junio y el 9 de agosto. Su día de la semana es el viernes, que es propicio a todos los asuntos de relaciones, sobre todo al amor.

## Amarrando el nudo

Mantener las relaciones en buen estado de salud exige mucha dedicación, paciencia y una gran dosis de equilibrio mental. Incluso con todos los ingredientes correctos, las relaciones raras veces resultan perfectas. Así que para despertar una devoción más profunda, para lograr la unidad y para conservar la pasión, usa un poco de la magia de la Diosa.

Este tipo de magia de bolsillo se destina a dos participantes, que han de ejercerla con pleno conocimiento y buena voluntad. Para la asistencia divina acudimos a Lakshimi, la diosa india del amor, de la belleza, la buena fortuna y el éxito. A Lakshimi se la representa también como sabia y devota compañera de Vishnu. Sus flores son la azucena y el loto.

### FILTRO DE AMOR #9

Toma dos tazas de jugo de manzana y agrégale tres fresas y tres frambuesas (que representan a vosotros dos, vuestra unión y alegría), dos rebanaditas de naranja (para la devoción), una rebanadita de limón (para la fidelidad), una pizca de jengibre (para la energía) y una pizca de azúcar (para los sentimientos dulces). Entíbialo a fuego lento y después enfríalo.

Comparte este filtro con tu ser querido a la luz de las estrellas o de las velas. Cuando cada uno de vosotros tenga el vaso en la mano para apurarlo, decid:

*Al aceptar este trago, aceptas mi amor,*
*que te entrego con plena libertad.*

Al beber, debéis miraros profundamente a los ojos, y luego, que la naturaleza haga lo suyo.

Conserva el líquido restante en dos frascos herméticos del mismo tamaño (uno para cada uno de vosotros). Úntatelo detrás de las orejas o en las muñecas cada vez que estés pensando en tu compañero para comunicarle esos cálidos sentimientos, esté donde esté. Pero asegúrate de tirar el jugo cuando veas que comienza a echarse a perder. ¡No querrás que tu amor se estropee de la misma manera!

## DESTINOS UNIDOS

Una vieja tradición gitana dice que si dos personas desean unir sus destinos, deben beber de un mismo vaso y acto seguido romperlo, para que la promesa no se rompa jamás. Puedes hacer uso de esta tradición para potenciar el hechizo anterior, o utilizarlo en cualquier otro momento de inspiración mágica.

Un buen momento para emplear este simbolismo es después de una desavenencia, como parte del proceso de reconciliación. Hacedlo juntos, compartiendo algún jugo de fruta que encienda pasión. Verted el jugo excedente en un frasco aparte, con un poco de alcohol para preservarlo (simbólicamente, para preservar la pasión), y romped el vaso del que habéis bebido. Recoged los fragmentos (con cuidado) y colocadlos en un tarro de cristal.

Entonces, cada uno de vosotros debe susurrar al interior del tarro cualquier resentimiento residual que le pueda quedar hacia el otro.

Después, cerrad el tarro herméticamente y enterradlo para que el pasado no vuelva más. Conservad el jugo restante y untadlo sobre el corazón cada vez que sintáis retornar la negatividad producida por aquel conflicto.

## EDREDÓN DEL AMOR

Para comenzar, toma cualquier manta grande de textura suave y afelpada. Compra en el supermercado o en una mercería algunos parches de los que se pegan con plancha caliente. De estos parches recorta varios corazones o cualesquiera otras formas que tú asocies con emociones positivas relacionadas con el amor. Conserva los recortes.

Sigue las indicaciones del fabricante a la hora de utilizar la plancha para pegar las figuras recortadas sobre la manta.

La luna llena es el mejor momento para hacerlo. La plancha proporciona sentimientos cálidos, mientras que la luna llena ayuda a dar madurez a la relación. Mientras planches, pronuncia esta invocación:

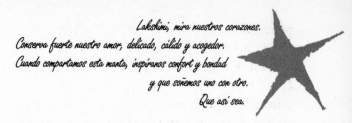

*Lakshimi, mira nuestros corazones.*
*Conserva fuerte nuestro amor, delicado, cálido y acogedor.*
*Cuando compartamos esta manta, inspíranos confort y bondad*
*y que soñemos uno con otro.*
*Que así sea.*

Puedes recortar uno o dos parches más de este material y pegarlos con tu plancha a prendas que usas con regularidad (como ropa interior), para que este calor especial te acompañe siempre.

## PARA REFRESCAR UN ROMANCE

¿Te gustaría dar un poco de calor a unas relaciones que se han enfriado? Deja que la Diosa te ayude.

Planifica esta magia para una noche en que ambos podéis estar seguros de tener privacidad. Comienza con una comida metafísicamente inspirada, consistente en alimentos buenos para el amor y la pasión (como pescado, batata, remolacha y pastel de manzanas y almendras).

Comed a la luz de velas color rojo vino perfumadas con esencia de plátano o aceite de oliva (ambos intensifican el interés sexual).

Después, debéis trasladaros a un lugar más confortable, llevando en las manos sendos imanes. Sentaos frente a frente (si así lo deseáis, podéis desvestiros primero), y que cada uno extienda su imán hacia la pareja y susurre tres veces este conjuro:

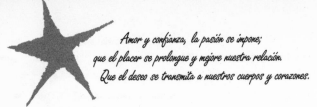

*Amor y confianza, la pasión se impone;*
*que el placer se prolongue y mejore nuestra relación.*
*Que el deseo se transmita a nuestros cuerpos y corazones.*

Mientras repitáis este conjuro, moved lentamente los imanes hasta que se toquen. Ahora, dejad que la naturaleza haga lo suyo. Ambos participantes pueden conservar sus imanes para llevarlos consigo y conservar así el poder de la atracción. Cada vez que cualquiera de vosotros desee tener unos momentos de intimidad, sólo tiene que poner su imán sobre el refrigerador para que ayude a la inspiración.

## MANTENER VIVO EL FUEGO DEL HOGAR

Cada vivienda cambia según quienes la habitan. Una buena manera simbólica y mágica de mantener vivo el amor es utilizando esas velas que vienen en un recipiente cerrado o en un frasco de cristal. Adquiere una buena cantidad de estas velas y perfúmalas con una mezcla de aceite de clavo de olor y de rosas.

En la primera noche de la luna nueva enciende la primera vela diciendo estas palabras:

*Lakshmi, esta vela representa nuestro amor*
*y el espíritu de unidad de nuestro hogar.*
*Al igual que esta vela, que el amor y la devoción*
*ardan en nuestros corazones.*

Cuando veas que esta vela esté a punto de consumirse, reemplázala inmediatamente con otra, repitiendo la invocación. Continúa quemando velas todo el tiempo que te sea posible sin peligro, como recordatorio constante de la presencia y la bendición de la Diosa.

Recoge la cera de la primera vela. Cuando se enfríe, modela con ella un pequeño corazón. Escribe en la cera el nombre de tu compañero y llévalo contigo como encantamiento para mantener vibrante vuestro amor.

### *Componentes alternativos*

Utiliza la colonia preferida de tu pareja para conservarlo contigo mientras viajes o utiliza el perfume que más le guste para atraer su atención. Llevar berilos, lapislázuli o turmalina rosada o quemar con regularidad incienso de rosa, vainilla o jazmín mantendrá las vibraciones del amor en tu vida y alrededor de ella.

Considera activar tus hechizos en el día de San Valentín, en los aniversarios, cumpleaños u otros días especiales asociados con vuestra relación. Los viernes, como días de Juno, y cuando la luna está en Piscis, son momentos que acentúan las vibraciones del amor, de la devoción y el romance.

## Pasión y placer

No para todos nosotros el dormitorio es un lugar de un entendimiento tan perfecto como nos gustaría. Todos hemos experimentado momentos de sentirnos torpes o del todo estúpidos. En tales casos, la risa es realmente una buena medicina para todo cuanto te aqueje. La risa alivia mucho la tensión. Me gusta prescribir también la magia de la Diosa para hacer que tus encuentros románticos sean cada vez más memorables.

Este tipo de magia lo rigen dos señoras voluptuosas. La primera es Lilith, la seductora diosa babilonia y sumeria de los sueños eróticos y placeres prohibidos. La otra es la siempre tentadora Afrodita, la diosa griega del amor sexual.

## AMOR POR LA TARDE

Antes del planificado encuentro pasional, ambos participantes deben almorzar alimentos lujuriantes. Esto quiere decir que hay que preparar un almuerzo especial destinado a fomentar el deseo. Puedes incluir huevos duros con salsa picante, sopa de almejas, arroz con cardamomo y grosellas negras. Juntad los alimentos y sostened las manos con las palmas hacia abajo por encima de ellos diciendo:

*Lilith, Afrodita,*
*inspiradnos pasión y placer.*
*Dejad que lo que comamos esta tarde*
*encienda el éxtasis esta noche.*

Divide en partes iguales los alimentos y da la mitad a tu pareja en una bolsa de color castaño con una nota verde. Si no puedes hacerlo, separa la mitad para mantener simbólicamente la energía pasional en espera por su llegada.

## MASAJE SIGNIFICATIVO

A veces, en las situaciones sexuales, la prisa disminuye el interés. Cuando esto suceda intenta usar un aceite de masaje mágico para volver a dar vida a las cosas. Para prepararlo, macera nébeda (para la belleza), una rodaja de limón (para los sentimientos amistosos), una pizca de mejorana (para el disfrute) y un grano de vainilla (para la pasión) en una taza de tibio aceite de almendra durante la luna llena.

Visualiza una luz roja y brillante que penetra en el aceite mientras cantas:

*Reaviva el deseo,*
*reenciende el fuego.*
*A través de mis manos y mi corazón*
*que se transmita la pasión.*

Deja con naturalidad que tu canto vaya cobrando cada vez más volumen, hasta que toda la habitación esté vibrando con el poder.

Conserva el aceite en un recipiente hermético portátil para que te transmita la energía del placer. Entíbialo antes de usarlo.

Mientras estés untando con suavidad el aceite en el cuerpo de tu pareja, repite para tus adentros este conjuro para liberar la magia.

## UNA NOCHE LARGA, LARGA

¿Se te avecina una gran noche y deseas sentirte interesada en tu pareja hasta altas horas de la madrugada? Prepárate un fetiche para poder permanente. Toma dos alcaparras, un rábano seco, semillas de apio, una ramita de perejil y una pizca de jengibre. Estas hierbas son para la energía, la lujuria y la potencia sexual.

Acto seguido, toma un condón sin lubricar y echa las hierbas en su interior (para el sexo seguro). Déjalo a la luz del sol durante tres horas (para mantenerte bien despierta) y otras tres a la luz de la luna (para el romance). Bendice este fetiche diciendo:

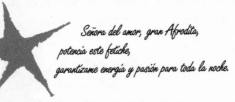

*Señora del amor, gran Afrodita,*
*potencia este fetiche,*
*garantízame energía y pasión para toda la noche.*

Guarda este fetiche en tu bolsillo o cualquier otro lugar discreto cuando vayas a tu cita.

## UN TALISMÁN BURLÓN

Esta magia de bolsillo es excelente para unas relaciones joviales. Compra un par de largas y suaves plumas. Con frecuencia es posible encontrarlas en tiendas de importación asiáticas o en comercios de artesanía.

Cuando la luna esté en Acuario (para inspirar aventura) toma las plumas en una mano y ata sus cañones juntos con una cinta de satén de color rojo brillante. Ve entrecruzando la cinta alrededor de los cañones, haciendo amarres en cada marca de cruz. Mientras haces los nudos, di:

*Placer y diversión,*
*lo que procuro es gustar.*
*Con los amarres y la pasión,*
*estas plumas nos van a divertir.*

Cuando llegues al extremo de los cañones, amarra la cinta cuidadosamente. Asegúrate de llevar este talismán contigo cuando vayas a quedarte a solas con tu pareja. Úsalo para hacer cosquillas suavemente sobre su aura y cuerpo para incitar el deseo y dar rienda suelta al espíritu juguetón mientras hagas el amor.

## Componentes alternativos

Un popurrí de hierbas energizadas calentado a fuego lento hará que las cosas vayan cobrando calor. Cristales de cuarzo en el dormitorio mantendrán en un estado óptimo la energía física. Ingiere alimentos sensuales, como fresas con crema, bendecidas por ti, y luego bríndaselas a tu pareja. Lleva ropa interior sexy perfumada con esencias excitantes.

La magia para la pasión se beneficia de las horas nocturnas debido al ambiente romántico de la noche. Así y todo, los ítems portátiles se pueden cargar de energía a la luz solar para acentuar el elemento del fuego. La luna en Acuario favorece el espíritu de aventuras y de placer.

## Fiebre de fertilidad

¿Tu reloj biológico está haciendo «tic»? ¿Tu pareja y tú deseáis tener un hijo, pero hasta ahora no lo habéis logrado? La Diosa tiene una gran experiencia en traer niños al mundo, ya que es la madre del género humano (y, desde luego, la fertilidad es algo que se aplica no sólo a los bebés).

La magia especial de la Diosa puede dar el empujón necesario para ayudar a la naturaleza (o a los médicos) a que haga lo suyo. Incluso cuando los métodos «naturales» no dan resultado, ayuda en los procedimientos para la adopción abriendo las puertas precisas.

Para estos menesteres, recomiendo invocar a Kwan Yin, la diosa china de la fertilidad, a quien llaman también «La que trae niños» o «La que escucha los llantos del mundo». Su compasión, unida a su gran destreza mágica, la convierten en una formidable dama que comprende los deseos de nuestros corazones.

## ENCANTAMIENTO PARA LA CONCEPCIÓN

Ambos participantes deben unir siete frutos secos y siete nueces, un paño verde y un cordón amarillo. Poned estos ingredientes a la intemperie cuando sopla el viento del Este (para un nuevo comienzo). Envolved las semillas y las nueces en el paño verde (para el crecimiento) y amarrad el envoltorio con el cordón amarillo (para la energía creativa), haciendo siete nudos. Con cada nudo, decid:

> Kwan Yin, mira nuestros corazones.
> Concede tu bendición a nuestros cuerpos.
> Llena de fertilidad estos objetos;
> deja que nuestro amor se manifieste en el embarazo.

Llevad estos objetos en los bolsillos (cerca de la ingle) o junto al corazón con la mayor frecuencia posible. Mientras hagáis el amor, tened uno a cada lado de la cama. Y no descuidéis las cosas prácticas, como descansar bien, comer bien y… ¡disfrutar mucho uno del otro!

## ¡POR LA FUERZA DE LOS HUEVOS!

Los huevos son un viejo símbolo de la fertilidad. Además de ingerirlos para interiorizar su energía, puedes utilizarlos para hacer unos magníficos encantamientos. Comienza por perforar un huevo (extrae la yema y la clara). Decora la cáscara cuidadosamente, con símbolos que, para ti, representen la concepción.

En un pequeño pedacito de papel, escribid vuestro deseo de tener un niño e introducid el papelito dentro de la cáscara de huevo.

Exponed el huevo decorado a la luz de la luna creciente y llena durante tres noches; después, colocadlo en una cunita improvisada de tejido suave junto a vuestra cama. Esperad hasta la próxima luna creciente y llena (o hasta el momento en que te sepas fértil) y poneos de pie delante el huevo con vuestras manos diestras encima de éste, para que vuestros cuerpos se llenen de energía que dimane de vuestros deseos y de la luna llena. ¡Haced el amor con esperanza!

## AMULETO PARA LA ADOPCIÓN

El proceso de adopción puede ser largo y descorazonador. Para facilitar las cosas, preparad este amuleto, que os protegerá de obstáculos innecesarios y os rodeará de energía positiva.

Comenzad con cualquier documento escrito que tengáis relacionado con la adopción y tres cristales rosados (para el cariño). Colocad los cristales encima del documento en vuestra casa, en un lugar elevado. Cerca de allí, encended una vela blanca en representación del poder de la Diosa. Bendecid todo esto con las siguientes palabras:

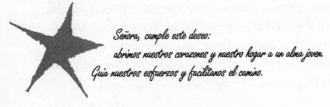

*Señora, cumple este deseo:*
*abrimos nuestros corazones y nuestro hogar a un alma joven.*
*Guía nuestros esfuerzos y facilítanos el camino.*

Luego, cada uno de vosotros ha de llevar consigo todo el tiempo uno de los tres cristales para expandir el amor y abrir las puertas a fin de encontrar un niño conveniente. Dejad la tercera piedra en el mismo lugar para que energice las gestiones burocráticas. Repetid la plegaria cada vez que encendáis la vela.

## Componentes alternativos

Utiliza a guisa de fetiche una estatuilla de la Diosa embarazada. Lleva corales y jade ensartados juntos, porque aumentan la fertilidad. Usa también cunitas y otros ítems asociados con la preparación para la llegada de un bebé. En cuanto al tiempo, cualquier día primaveral es bueno, cuando la tierra da muestras de productividad. Los lunes acentúan la energía lunar (o sea, el ciclo femenino), el mes de abril da buena suerte, y la luna en Virgo mejora la fertilidad.

## Preservando la paz

Cuando un ego se infla demasiado, cuando las palabras son mal entendidas, cuando las personas se vuelven demasiado susceptibles, pueden suceder todo tipo de dificultades. Aunque tengamos las mejores intenciones del mundo, nadie es perfecto. Así que cuando abras la boca para decir algo hiriente, detente por un instante para hacer un pequeño hechizo.

Llama a Nerthus, una diosa teutónica, que ayuda en armisticios. Por tradición, en sus festividades nadie puede portar armas, a no ser que estén sujetas a sus vainas, y cualquier conflicto público se reprime con severidad. Esta diosa nos puede ayudar a «envainar» nuestras palabras y acciones hostiles.

## TÓNICO PARA EL TACTO

Si te dispones a tragarte tus palabras, éstas también pueden ser sabrosas. Comienza por prepararte una taza de té negro caliente (para calmarte). Agrégale un cuarto de cucharadita de saborizante de coco (para la compostura), un trocito de unos tres milímetros de raíz de jengibre (para la energía positiva), una cucharadita de jugo de ananá (para la protección y la armonía) y un poquito de brandy de melocotón (para el calor y la sabiduría). Revuelve los ingredientes a favor de las manecillas del reloj, diciendo:

Cuando este líquido llegue a mis labios,
que cesen la ira y la hostilidad.
Palabras amables, palabras bondadosas,
ayudadme a decir la verdad que está en mi mente.

Bebe media taza antes de hablar sobre el problema. Conserva la otra mitad en un recipiente portátil irrompible. Echa un poco sobre tu chakra de la garganta cada vez que necesites mejorar la comunicación.

## FIESTA DEL PERDÓN

Éste es básicamente, un mini ritual. Cada persona involucrada en una discusión lleva a un sitio neutral un plato que pueda ser compartido (como en una comida que se prepara en común), una vela y una flor blanca. La comida ha de representar de alguna manera el deseo de paz (como el puré de patatas, porque es blanco y suave). Disponed las velas alrededor de la mesa, con las flores en el medio, en representación de la paz.

Antes de cenar, cada persona deberá apagar con un soplo su correspondiente vela para indicar su disposición a perdonar y dejar el pasado atrás. Lo han de hacer por turno, mientras los demás canten:

*Que se vaya la ira, que cese la hostilidad,*
*ahora creamos la paz.*

Entonces, cada uno toma para sí una flor e intercambia un apretón de manos o un abrazo con los demás participantes. Los pétalos de las flores deben secarse para preparar un incienso y para utilizarlos en encantamientos que producirán armonía entre las personas. Por último, consumid la cena para interiorizar la magia.

## ¡QUE SE APAGUE EL FUEGO!

Es difícil generar el perdón si no se te puede oír por encima de los gritos. Este talismán está diseñado para enfriar cabezas calientes y calentar corazones. Toma la imagen de un corazón cortada en dos. A la luz de una luna menguante (para disminuir la hostilidad), aplícale a la imagen un poco de bálsamo mezclado con pegamento. Junta las dos mitades, diciendo:

*Calma la ira, calma la furia,*
*enfría el fuego de rabia interna.*
*Deja que el perdón reemplace la furia y el miedo*
*entre mi persona y la de aquel a quien quiero.*

Lleva este amuleto contigo la próxima vez que vayas a encontrarte con esa persona para que las cosas mejoren. Cuando, por último, el problema quede resuelto, envuelve el corazón en un retazo de satén y guárdalo en algún lugar seguro para que siga inspirando un amor apacible.

## DEJAR UNA SALIDA ABIERTA

Algunos conflictos se resisten a toda solución hasta el punto de que las relaciones se rompen. La mayoría de las personas preferirían que tales roturas no fueran dramáticas y dolorosas. Este amuleto está destinado a brindar ayuda de dos maneras. Protege al portador de un dolor innecesario y abre camino a una separación pacífica.

Para confeccionar este amuleto necesitarás unas tijeras, un pequeño muñeco (del tamaño de los de las casas de juguete) y un cordón lo suficientemente largo como para rodear dos veces tu cintura. Durante la luna nueva (tiempo de terminaciones), amarra el cordón alrededor de tu cintura una vez y ata el muñequito al otro extremo. Si te es posible, ponle al muñeco algo que pertenezca al individuo con el que pretendes romper las relaciones, así representará mejor su energía.

Coloca el muñeco frente a ti y háblale como si hablaras a esa persona. Dile francamente cuáles son tus sentimientos. Cuando sientas que ya lo has expresado por completo, toma la tijera y corta el cordón atado a tu cintura diciendo estas palabras:

*Te libero; me libero*
*sin maldad y sin remordimientos.*
*Vivimos juntos en paz,*
*y ahora nos separamos en paz.*

Enrolla el cordón alrededor del muñeco y llévalo contigo cuando vayas a la cita decisiva. Más tarde, si así lo deseas, puedes enterrarlo para enterrar con él cualquier remanente de negatividad.

## NO TE ENFADES. TOMA DESQUITE

Cuando el señor o la señora Equis ha dado pruebas de haber sido totalmente incorrecto, infiel o engañoso, nos asalta un natural deseo de desquitarnos. Pero las viejas maldiciones como *«Mal rayo te parta»* ya están pasadas de moda. Así que, en su lugar, usa este hechizo para ayudar a que el karma de esa persona trabaje a tu favor. Toma una fotografía del rostro de esa persona y un pequeño espejo. Pega la imagen boca abajo sobre el espejo diciendo:

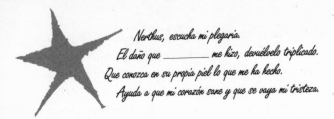

Lo mejor de este encantamiento es que devuelve solamente el daño hecho con intención, no lo que alguien te pueda causar sin querer. Lleva este encantamiento contigo hasta que sientas que el dolor por lo sucedido te ha abandonado. Entonces, tíralo lejos de ti como un trasto innecesario del pasado.

## Componentes alternativos

Usa velas y prendas blancas, así como otros objetos blancos para simbolizar una tregua. Ensalada de lechuga con aceitunas y aderezo cremoso interiorizará la tranquilidad. Utiliza cualquier objeto que te recuerde el valor de la flexibilidad, como bandas de goma.

En cuanto al tiempo, considera la luna menguante para disminuir la ira y el resentimiento. Producir hechizos a la luz del sol ayudará a dejar atrás la negatividad, mientras que la salida del sol, marca un nuevo comienzo. Trabajar los martes mejorará tu sentido lógico, mientras que los sábados ayudarán a que se manifiesten resultados. El mes de agosto ayuda a cultivar el sentido de unidad, y la luna en Aries destruye las barreras entre las personas.

# MAGIA EN TU BOLSILLO

Un bolsillo vacío es el peor de los crímenes.

CHARLES P. SHIRAS

Amuletos, encantamientos, talismanes y fetiches son la suprema expresión de la magia portátil. Al confeccionar y llevar estos ítems, nosotros, al igual que nuestros ancestros, solicitamos el poder de la Diosa para aplicarlo allí donde más lo necesitamos. Algunas personas llevan monedas o gorras para la buena suerte. Otros se niegan a asistir a una reunión si no llevan consigo una determinada taza, pluma o tablilla con sujetapapeles. Cualquiera que sea el objeto, la intención es la misma: energizar nuestro día y aprovecharlo mejor gracias a una magia satisfactoria.

## Controlando la salud

Según un viejo dicho, si tienes buena salud, lo tienes todo. Sentirse bien hace que las dificultades de la vida sean mucho más fáciles de sobrellevar. También la magia es mucho más eficaz cuando se lleva a cabo por una persona sana que concentra el 100 por cien de su atención y energía en lo que está haciendo.

Invoca la ayuda de Salus, la diosa romana de la salud y el bienestar. Su día es el 1 de enero, tal vez con la idea de que el nuevo año tenga un comienzo saludable. Su equivalente griego es Higieia (de ahí el origen de la palabra higiene), hija del dios de la salud y hermana de Panacea, la diosa de los vivificantes elixires.

## VER ROJO

Como nuestra sangre es roja, la gente de antes creía que este color podía ahuyentar los malévolos espíritus causantes de enfermedades, especialmente los resfriados. Todo cuando había que hacer era llevar regularmente una bufanda roja. Si vives en un clima fluctuante, bendice una bufanda de verano y otra de invierno, para tener protección durante todo el año. Para hacerlo, toma las bufandas en la mano durante el cuarto menguante de la luna (para disminuir el poder de la enfermedad) y di estas palabras:

*Salus, permite que esta tela roja*
*aleje de mi cama la enfermedad.*
*Esta magia es para limpiarme de gérmenes.*
*¡Me sentiré bien durante todo el año!*

Lleva las bufandas regularmente para mantener a raya las enfermedades.

## EL REMEDIO DE LA HOJA QUE CAE

Hay una maravillosa tradición victoriana según la cual si uno atrapa en el aire una hoja otoñal que se cae del árbol (antes de que toque tierra), no tendrá resfriados durante todo el invierno.

Conserva esta hoja como amuleto protector y poténciala con estas palabras:

*Me libraré de todos los resfriados,*
*porque esta hoja sostiene mi magia.*
*Seré inmune a estornudos y corizas;*
*cuando llevo conmigo esta hoja,*
*se despliega la magia.*

Ahora, plancha la hoja entre dos pedazos de papel encerado (la parte encerada hacia la hoja). El calor energiza y activa la magia. Llévala contigo durante la temporada de resfriados.

## CRISTALES PROTECTORES

Los antiguos llevaban consigo todo tipo de cristales, convencidos de que el espíritu existente en el interior de cada piedra los podía proteger de las enfermedades. Sobre la base de esta idea, prepárate un botiquín médico combinando pedacitos de ámbar, ágata, turquesa, jade y coral en una bolsita portátil. Cada una de estas piedras posee el poder de aliviar enfermedades, ejerce protección contra ellas y ayuda a mantener el buen estado físico. Deja el conjunto a la luz del sol (se considera que es saludable) durante tres horas (el número que representa el cuerpo, la mente y el espíritu).

Cada vez que te sientas con el cuerpo desfallecido o débil, coloca la bolsita en tu bolsillo y pronuncia estas palabras:

*El ámbar para entrampar la enfermedad.*
*El ágata para mantener libre mi espíritu.*
*La turquesa para desviar la calamidad.*
*El jade para que la enfermedad me deje libre.*
*Con el coral cuidadosamente ensartado,*
*hallaré mi salud perfecta y renovada.*

Sigue llevando este amuleto hasta que te sientas totalmente restablecida.

## LAS HIERBAS PARA LA HARMONÍA

Los componentes de este talismán están calculados en una proporción como para dejar por doquier una bolsita para la salud: una en el dormitorio, una en la cocina, una en el coche, y una para llevarla siempre contigo. Así podrás rodearte de la energía del bienestar.

Mezcla cuatro cucharaditas de romero, cuatro de menta, cuatro de hinojo y cuatro de peladuras de manzana (secas y desmenuzadas). Necesitarás también una hebra de azafrán por bolsita (para la salud emocional y para incrementar la energía). Recorta cuatro pedacitos de tela verde de 10 x 10 centímetros y cuatro tiras blancas (cordel o hilo). Distribuye cantidades iguales de la mezcla en cuatro bolsitas y di estas palabras:

*Una, para el cuerpo; dos, para el alma;*
*tres, para la mente; cuatro, para mantenerme entera.*
*Higiea, potencia este simple hechizo;*
*energiza estos talismanes para mantenerme bien.*

Coloca tres de los talismanes en lugares donde pasas la mayor parte de tu tiempo, y lleva el restante contigo.

## COLOR DE ROSA

Tomando estas palabras como base para la magia de la salud cuando te sientes algo indispuesta, dale un toque rosado. Agrega a tu desayuno un jugo de toronja de este color energizado con una sencilla plegaria, como esta: *«Que venza la salud; que mi cuerpo esté sano»*. Bebe el jugo para interiorizar la energía.

Como amuleto portátil para dar apoyo a esta magia, toma un puñado de frijoles colorados y bendícelos como lo hiciste con el jugo. En Japón se considera que los frijoles colorados son poderosos protectores de la salud.

## LA RISA ES LA MEJOR MEDICINA

Los romanos antiguos tomaban muy a pecho esta idea, tanto que crearon una fiesta especial dedicada a la risa: el 25 de marzo, el día de Hilaria. Así pues, alrededor de esta fecha dedica algún tiempo a divertirte. Busca la fotografía tuya más cómica (tal vez una que te tomaron para hacerte una burla, o en un momento inadecuado). Recórtala para poder llevarla en tu billetera y encántala con estas palabras:

*Cuando no hay de qué sonreír,*
*la alegría se ve atada.*
*Que viva la risa, una risa buena,*
*una risa que dé alivio a mi mente cansada.*

Coloca el retrato en tu billetera y mírala cada vez que empieces a tomarte la vida demasiado en serio.

## TODO AMARRADO

Es un amuleto muy popular en Arabia que consistía en hacer nudos y que utilizaba el simbolismo de capturar y retener la energía. Para este amuleto necesitarás un poco de malla, como la que se utiliza para eliminar sustancias indeseables. Deja la malla al sol durante cuatro horas para que absorba cualidades saludables. Después haz en la malla cuatro nudos a distancias regulares mientras pronuncies estas palabras:

*Amarro el uno, comienza el hechizo;*
*amarro el dos, se renueva la fuerza;*
*amarro el tres, aseguro la vitalidad;*
*amarro el cuatro, restablezco mi salud.*

Llévalo contigo. Cuando te sientas indispuesta, desata un nudo para liberar la magia. Cuando hayas usado tres nudos, refresca el amuleto dejándolo de nuevo a la luz del sol y vuelve a amarrar los tres nudos, repitiendo el conjuro.

Úntate con sustancias aromáticas propicias para la salud, como sándalo, rosa y loto. Lleva con regularidad prendas de color verde, o de otro color que asocies con la buena salud. Reza sobre tus alimentos. Lleva un *ankh* (emblema egipcio de la vida eterna) o cualquier otro símbolo mágico personalmente significativo.

Crea tus talismanes durante la luna menguante para disminuir el poder de la enfermedad, o durante la luna creciente, para mejorar la salud. Trabaja los domingos para acentuar la saludable energía solar. Según el calendario chino, el mes de mayo aumenta la vitalidad.

## Saltando de alegría

¿Tu caso es el de «todo me importa un bledo»? ¿Te sientes como si nada tuviese importancia? Si esto es así, te ha atacado el virus de la apatía, por lo que necesitas una inyección mágica. Tu doctora para combatir la indiferencia es la Diosa, y no tienes que esperar por un turno.

Invoca a Bast, la diosa-gata egipcia, para que te ayude a disfrutar de cada momento de la vida. Entre todos los animales, los gatos son los que saben mejor divertirse y relajarse. Bast, que posee muchos atributos de su animal sagrado, representa el placer, las bromas, el juego, la bondad y la felicidad.

## AROMATERAPIA

¿Recuerdas la bufanda roja para la salud? Ahora verás que puede también desempeñar un papel como coadyuvante para mejorar la salud emocional. Perfuma la bufanda con un poco de aceite de lavanda cuando la luna esté en el cuarto creciente (para cultivar la alegría) o de día (para que la luz disipe los «negros nubarrones»). Mientras estés perfumando la tela, di estas palabras:

*Renueva la alegría, el placer y la ligereza,*
*para que mi espíritu vuele libremente.*

Lleva esta bufanda con la mayor frecuencia posible hasta que tu estado de ánimo mejore. Cambia los aromas para satisfacer otras necesidades vitales: por ejemplo, utiliza el pino para la prosperidad y el sándalo para la capacidad psíquica.

## UN, DOS, FUERA

Compra un paquete de globos infantiles. Saca todos las azules, júntalos, extiende las manos por encima de ellos con las palmas hacia abajo y di:

*Aligera mi corazón, la tristeza ha de estar a raya*
*cuando estos globos salgan volando.*
*Levanta mi ánimo, cada vez más alto.*
*Bast, cumple mi deseo mágico.*

Cada vez que sientas que la tristeza o la depresión se adueñan de ti, infla uno de los globos, repite el encantamiento y suéltalo con la boquilla sin atar, para que se desinfle mientras se aleja. Para no perjudicar a cualquier animal que podría comerse el globo, recógelo después y deséchalo debidamente. Esto también elimina de manera simbólica sentimientos negativos.

## ES ALGO QUE TRAE EL VIENTO

El aire es un poderoso elemento que implica cambio, y es algo que está siempre alrededor tuyo, así que es un vehículo perfecto para la magia de bolsillo. Si te sientes melancólica, trata de esperar hasta que el viento sople desde el Sur (para la limpieza) o desde el Oeste (para la salud). Toma una tira de tela o una cinta azul y átala sin apretar a la cuerda de tender ropa, a un árbol, a un arbusto o a tu buzón diciendo:

*Dejo aquí mi tristeza y un corazón que me pesa.*
*Cuando el viento lo libere, cesará mi melancolía.*

Para el momento en que el viento afloje la cinta o la tira de tela, habrás de sentirte mucho mejor.

Cuando ya te sientas repuesta, ten siempre a mano varias tiras de tela o cintas para tu botiquín mágico. Las que son de otros colores pueden utilizarse de una manera similar pero con objetivos diferentes.

Por ejemplo, utiliza cintas verdes para los deseos relacionados con finanzas, y cambia la invocación por una como: «*Cuando la cinta alce el vuelo, yo tendré mucho dinero*».

## SIENTO COSQUILLAS

Combina una pequeña visualización creativa con una pluma potenciada por la magia y enseguida verás que tu tristeza se disipa. Cuelga una larga pluma blanca en tu ventana, donde pueda recibir energía del viento del Este (que simboliza nuevos comienzos y esperanzas). Después, cógela en la mano e imagínala llena de una blanca y purificadora luz, a la vez que dices:

*Hazme reír, dame alegría,*
*que tu luz resplandezca en mi aura.*

Mueve suavemente la pluma dentro del campo de tu aura, desde la cabeza hasta los pies, y hazte cosquillas, en el sentido literal de la palabra, hasta que te sientas feliz. Lleva la pluma contigo para tenerla a mano cada vez que te sientas algo decaída.

## UN ENCANTAMIENTO PARA SENTIRSE SEGURA

Para suscitar vibraciones de felicidad en tu vida y entorno, haz este encantamiento. Para comenzar, toma varios pequeños cristales de amatista (para incrementar tu sensación de paz, para tranquilizar los nervios y disminuir el estrés) y un recipiente donde guardarlos. Humedece las piedras con agua salada para incrementar su energía, y luego déjalas a la luz solar durante un tiempo (para el calor y el confort). Lleva el recipiente contigo como parte de tu botiquín mágico. Cuando empieces a sentirte descorazonada, saca uno de los cristales. Sostenlo en tu mano para que absorba todas tus emociones negativas. Entrégale tu tristeza, tu dolor… todo el exceso de la carga emocional de la que deseas aligerar tu vida. Cuando te sientas aliviada, arroja la piedra lo más lejos posible, diciendo estas palabras:

*Fuera de mí todo lo negativo;*
*venga la felicidad, la alegría de ser libre.*

Acepta la energía de la felicidad cuando ésta fluya a ti. No mires adónde ha ido a parar la piedra. Ya no la necesitas, ahora ha vuelto a la tierra, que es donde pertenece.

## Componentes alternativos

El uso de esencias energizantes, como la de flor de manzana, lila y albahaca, propicia alegría. Usa tus colores favoritos o ropa de fantasía para que liberen a la criatura que eres en tu fuero interno. Con las mismas pautas, juguetes y juegos puedes aliviar el estrés y liberar el poder de la alegría.

Trabaja a la luz del sol o en los domingos. El sol es el símbolo de la felicidad y la bendición divina. El mes de abril acentúa la energía primaveral. Agosto trae paz interior, y la luna en Acuario propicia el disfrute.

## La ciencia de la buena suerte

No puede haber un exceso de buena suerte. La buena fortuna es algo a lo que todos aspiramos, pero no siempre logramos obtener. Estos encantamientos y amuletos están diseñados para poner de manifiesto en tu vida la facultad de prever y descubrir cosas buenas de un modo más regular.

Para la magia de la buena suerte, dirígete a Gefun, la diosa nórdica de sucesos afortunados, cuyo nombre significa «dadora». Como una alternativa, puedes considerar a las Moiras, de la tradición griega, las tres diosas que rigen los destinos humanos. En especial, Láquesis preside el elemento de la buena suerte en la vida de cada persona.

### SALIR CON EL PIE DERECHO

Por alguna razón, la gente ha creído siempre que hay algo especial en la parte derecha del cuerpo. Y nuestro cuerpo es algo de lo que podemos disponer siempre que lo necesitamos.

Así, cuando parece que la mala suerte te persigue, trata de echar a andar comenzando con el pie derecho, en el sentido literal de la palabra. Para potenciar aún más esta acción, guarda en tu zapato un pequeño trocito de estaño y espolvorea ambos zapatos con algún polvo energizante (polvo de hornear, pimienta de Jamaica y nuez moscada). Por último, echa una pequeña cantidad de jugo de granada en el interior de tus zapatos, diciendo:

*Hospitalidad y buena suerte dondequiera que vaya,*
*que la buena suerte me siga cuando vuelva a casa.*

No se te olvide pensar un deseo cuando vayas a comer la granada, para que te procure un pequeño extra de buena suerte.

## VUÉLVELO DEL REVÉS

Para los ingleses de la era victoriana, el mejor modo de combatir la mala suerte era invertirla simbólicamente, volviendo del revés las prendas de vestir (para este propósito, sirven bien los calcetines y la ropa interior). Puedes intentarlo cuando sientas que tu vida no tiene toda la buena suerte que tú quisieras. Para energizar esta magia, hazlo a la luz de la primera estrella que aparezca en el cielo nocturno (y pide un deseo), o cuando la luna esté en el cuarto creciente, para propiciar la buena suerte. Al hacerlo, pronuncia este conjuro:

*Vete, mala suerte; desaparece, infortunio;*
*por el poder de Gefún, venga la buena suerte.*
*Cuando esta prenda se invierta, también lo hará mi destino.*
*¡Hoy estoy pidiendo una buena casualidad!*

Si no te sientes cómoda andando con la ropa puesta al revés, en vez de esto puedes cruzar los dedos y pronunciar este otro conjuro:

*Mala suerte, que la cruz te aleje.*
*Aquí la tengo y solicito buena ventura.*

Deja cruzados los dedos hasta que sientas que la energía negativa se aleja y comienza una mejoría. Si no puedes mantener los dedos cruzados durante tanto tiempo, cruza dos objetos portátiles y átalos juntos hasta que la racha de mala suerte cese.

## BUSCANDO FURTUNA

Se considera que encontrar cosas trae muy buena suerte, y por eso los objetos hallados son buenos para la magia portátil de buena fortuna. Bendice las monedas que encuentres y utilízalas para raspar tus billetes de lotería; guarda las llaves halladas para abrir las puertas de la buena suerte.

Puedes potenciar alfileres para cuando necesites retener energía, mientras que los clavos viejos pueden ayudarte a asegurar la magia. Dondequiera que encuentres un objeto que sientas que pudiera ser útil para este tipo de magia, recógelo con estas palabras:

Veo _____ (menciona el objeto) y lo recojo.
Durante todo el día tendré buena suerte.
Y cuando se me atraviese algún problema,
este pequeño _____ bendecirá mi día.

Puedes reemplazar la palabra «suerte» con cualquier otra palabra que represente tu necesidad o tu intención mágica para el objeto encontrado.

## FRIJOLES DESVANECEDORES

Según una tradición oriental, los frijoles desvanecen la mala suerte, y las semillas de girasol hacen que la buena fortuna retorne. Así que toma varios frijoles secos y cárgalos a la luz de una luna menguante para reducir la mala suerte.

Toma también varias semillas de girasol, cargadas a la luz solar para atraer el favor divino, y un recipiente portátil. Sostén las semillas en la palma de la mano diciendo:

*Cuando estas semillas estén sembradas en la tierra,*
*quiero tener buena suerte*
*y que mi fortuna se vuelva favorable.*

Cuando necesites un cambio en tu suerte, pon una semilla de cada tipo en buena tierra para que broten. Rellena el recipiente cada vez que lo necesites, pero deja siempre en su interior al menos una de cada tipo, para que la buena fortuna no te abandone nunca.

## SALTANDO SOBRE EL CANDELERO

Según una tradición céltica, saltar sobre el fuego marca una transición: de la enfermedad hacia la salud, de la soltería hacia el matrimonio, etc. Siguiendo este simbolismo, compra una vela cuyo color represente para ti la buena suerte. Échale un poco de jugo de naranja (para la buena fortuna). Enciéndela y salta por encima de ella diciendo:

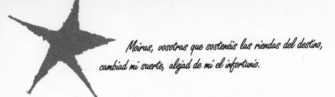

*Moiras, vosotras que sostenéis las riendas del destino,*
*cambiad mi suerte, alejad de mí el infortunio.*

Guarda un poco de cera derretida de esta vela como amuleto para la buena suerte. Moldea en la cera un emblema para potenciar aún más la magia. Una posibilidad es la imagen del sol, que representa la esperanza.

## LA PIEDRA DE LA CERTEZA

Una manera antigua y muy difundida de propiciar la buena suerte es llevar determinadas piedras semipreciosas y preciosas. Un ejemplo que aún perdura es la costumbre de llevar la correspondiente piedra de nacimiento. Como estas piedras a veces resultan bastante caras, ve a un comercio de artículos de ciencias naturales o un mercado New Age y compra, en vez de ellas, unos pequeños fragmentos de obsidiana, ónice y jade. Colócalos en una bolsa u otro pequeño recipiente y repite este conjuro la cantidad de veces que sea afortunada para ti:

*Obsidiana, ahuyenta el infortunio.*
*Ónice, mantén a raya las dificultades.*
*Jade, incrementa mi buena suerte.*
*Gefión, bendíceme para que la dicha no me abandone.*

Llévalo siempre contigo. Si tu suerte empieza a empeorar, saca la obsidiana o el ónice y arrójalos fuera, para alejar la mala fortuna. Reemplaza las piedras más tarde, vuelve a recitar el conjuro y restablece así la simetría mágica.

## BOLSITA PARA TROPEZAR SIEMPRE CON COSAS BUENAS

Además de las piedras, nuestros antepasados llevaban consigo plantas para atraer la buena suerte, y les resultaba fácil, ya que el supermercado de la naturaleza estaba abierto siempre.

Para confeccionar esta bolsita de buena suerte necesitarás un retazo de tela de 10 x 10 centímetros, recortada de una vieja pieza de ropa ya cargada con tu energía personal. Coloca en el centro de la tela un número afortunado de granos de pimienta de Jamaica, avellanas, flores de brezo y pétalos de caléndula. Deja este talismán a la luz solar (durante un número de minutos que sea afortunado para ti) y poténcialo diciendo:

*Ahora que lo pongo al sol,*
*comienza mi magia.*
*Hierbas potenciadas con la luz bendita,*
*haced que se desvanezca toda mi mala suerte.*

Lleva la bolsita contigo. Cuando veas que la suerte te abandona, arroja las hierbas alrededor tuyo en el sentido contrario al de las manecillas del reloj repitiendo de nuevo el conjuro, para ahuyentar la negatividad. Más tarde, rellena la bolsita.

Usa sustancias aromáticas como canela y loto, cuyas vibraciones propician la buena fortuna. Coloca una ramita de perejil, una hoja de laurel o una hoja de fresno en tu bolsillo o en un zapato. Come rollitos de semillas de adormidera o naranjas para interiorizar la energía positiva. Y no olvides pensar positivamente; los malos pensamientos traen mala suerte.

Haz tus hechizos a la luz solar para invocar la bendición divina. Trabaja durante la luna menguante para disminuir la mala fortuna, o durante la luna creciente para propiciar la buena suerte. El mes de abril incrementa la buena fortuna, y la luna en Piscis hace milagros.

# Burbujas de amor (¿o son alucinaciones?)

Muchas personas pasan años y años a la caza del amor, tal vez la más huidiza de las emociones, y cuando al fin lo atrapan, invierten aún más energía y esfuerzos para asegurarse de que el amor de veras les pertenece. La Diosa ha seguido desde siempre este infinito juego, y ella conoce muy bien el corazón humano. Tanto la Diosa como su magia son ayudantes perfectos cuando se trata de incrementar la cantidad del amor dentro y alrededor de nuestras vidas. Esto incluye el amor hacia sí mismo, del que carecen muchas personas.

Cuando te sientas perdida en el océano humano y necesites de veras una ayuda, un ancla en que agarrarte, invoca a Astarté, la diosa de los antiguos asirios y babilonios que rige sobre el amor, el matrimonio, la sexualidad y, por extraño que parezca, ¡la guerra! Tiene la mejor disposición para ayudarte en tus esfuerzos por encontrar el amor y conservarlo.

## SENTIDO DE PRESERVATIVO

En nuestros días, la práctica del sexo seguro suele ir mano a mano con la búsqueda del amor. Entonces, ¿por qué no modernizar nuestra magia utilizando condones como componentes, ya que tanto los hombres como las mujeres pueden llevarlos consigo sin ninguna dificultad? Deja un paquete de preservativos a la luz solar durante tres horas (para mejorar el sano raciocinio), y durante otras tres a la luz de la luna (para el romance). Después, energízalos diciendo:

*Astarté, bendice este pequeño hechizo.*
*Escucha bien mis palabras y plegarias.*
*Regala a mi corazón el amor y la pasión,*
*y junto a ellos, concédeme sabiduría.*

Lleva uno o dos condones en tu billetera o bolso, o déjalos en cualquier otro sitio de fácil acceso. Después de usarlos, saca otros del paquete y ponlos en tu bolso o billetera para que el deseo quede siempre equilibrado con discreción.

## MÁGICO ALIENTO A MENTA

¿Quieres que tu conversación se vuelva más amena y tus palabras más dulces cuando te aproximes a un acompañante? Usa pastillas de menta o goma de mascar de este sabor como componente mágico. La menta genera interés, excitación y energía fresca.

Carga varios paquetes con el viento del Sur (para la pasión), así podrás reemplazarlos a medida que se te gasten. Si así lo deseas, puedes añadir un pequeño encantamiento, como este:

*Que mis palabras sean dulces,*
*que mis palabras sean agradables,*
*que animen, inviten y diviertan.*

Lleva las pastillas de menta contigo como talismán para mejorar tu comunicación.

## ENCANTAMIENTO DE BARRA DE LABIOS

Para que la persona a quien más deseas gustar te encuentre más tentadora y sienta deseos de besarte cuando tengáis una cita, empieza con tu barra de labios. Elige sabores y colores que se asocien con el amor, como la cereza.

Toma el estuche en la mano que por lo general sueles extender para aceptar de alguien un objeto. En el lenguaje simbólico esto significa una invitación que se hace a un individuo determinado. Repite este encantamiento tres veces mientras pienses en la persona de tu interés:

*Cuando me mires, no perderás ninguna ocasión de robar un beso.*

Usa esta barra de labios cada vez que vayas a ver a esta persona y repite el encantamiento, y ¡sólo dale ocasión!

## AMÁRRALO CON NUDOS

Este encantamiento comienza con una hebra de hilo rojo (puedes utilizar otro color que asocies con el amor).

Amárrale cinco nudos (uno para cada punta del pentagrama); mientras estés amarrando los nudos, concéntrate por completo en tu intención de hallar pareja o mejorar tus relaciones existentes y pronuncia estas palabras:

*Con este hilo rojo tejo una magia de amor,
completamente especial.
Dentro de cada nudo que amarro
pongo sentimientos sinceros.
Una vez liberados, encenderán un fuego
de fe, adoración y deseo.*

Conserva este hilo y desata un nudo cada vez que necesites más amor. Así y todo, trata de no desatarlos todos demasiado pronto. Si el amor se descontrola, puede quemarse por completo.

## TALISMÁN DE TAVERNA

En el juego de las citas no siempre podemos estar seguras de nuestro compañero. Este objeto te protegerá de aquellos que no tomarían muy a pecho tus intereses, y por el contrario, atraerá a quienes sí podrían hacerlo. Para este talismán necesitarás un pequeño frasco de crema para la piel a base de aguacate (para atraer), una gota de aceite esencial de rosa (para el amor) y una de mirra (para protección). Si te es posible, agrega la mirra y el aceite esencial cuando la luna esté en Géminis para que propicie que diversos factores se pongan de acuerdo. Revuelve la crema en la dirección de las manecillas del reloj, diciendo:

*Astarté, permite que la belleza resplandezca.
Disipa mis miedos y dudas;
que se vaya pronto a quien no le importo;
quiero dar mi corazón a quien lo merece.*

Lleva este recipiente contigo cuando vayas a encontrarte con alguien y úntate un poco de crema en las manos o en el rostro (para la atracción física) antes de estrechar la mano de alguien a quien acabas de conocer.

## IMAGINACIÓN

Una de las cosas más difíciles en las relaciones humanas es vernos a nosotros mismos a través de los ojos de otra persona. La mayoría de la gente es su propio y peor crítico y nunca reconoce de veras su belleza interna y externa. Este encantamiento está diseñado para incrementar tu conciencia de tus atributos personales positivos y para acentuarlos a los ojos de las personas que conoces o que te interesan.

Necesitarás un pequeño espejo (como el de un compacto) y cuatro diminutas piedras ojo de gato que tengan un lado plano. En luna creciente, sal a la intemperie de noche y coloca las cuatro piedras sobre el espejo en los cuatro puntos cardinales. Cada vez que pongas una, pronuncia un conjuro más o menos como este:

Este: Aquí comienza mi nuevo aspecto.
Sur: Ve cómo resplandece mi corazón.
Oeste: Ve cómo fluyen mis emociones sinceras.
Norte: Ve mi espíritu pletórico de belleza.

Conserva esto lo más cerca posible de ti. Cuando sientas que tu autoestima disminuye, o que las opiniones de otras personas sobre ti son hirientes, mírate en el espejo y verás la verdad.

### Componentes alternativos

Ingiere todos los días a la hora del almuerzo alimentos propicios para atraer e interiorizar el amor: peras, ciruelas, frambuesas y tomates. Lleva más prendas de vestir rosadas o rojas y adornos de piedras como turmalina rosada o rodocrosita para que te transmitan vibraciones de la energía amorosa.

Para atraer el amor a tu vida, trabaja durante la luna creciente y llena, los viernes, durante el mes de junio, o cuando la luna está en Escorpión.

## Prósperos bolsillos

Tal vez sea cierto que el dinero no pueda comprar la felicidad, pero la vida de un infeliz resulta mucho más fácil si lo tiene. Por lo tanto, estas pequeñas magias están diseñadas para incrementar la abundancia en tu vida. Ha de notarse, sin embargo, que la prosperidad no siempre se mide en monedas. Se la puede hallar también en la plenitud de alegría, salud y paz.

Para atraer a tu vida la prosperidad y el bienestar invoca a diosa griega Tike, cuyo nombre significa «fortuna». Como alternativa, considera a Erzulie, una generosa diosa haitiana que concede riqueza a los necesitados.

## LAS SEMILLAS DEL ÉXITO

Las semillas forman parte de muchos hechizos que se hacen para buscar prosperidad porque simbolizan el crecimiento y la providencia de la tierra (que suele estar relacionada directamente con la riqueza).

Sobre esta base, procura varios retoños secos de alfalfa, semillas de calabaza y granos de maíz, así como un recipiente portátil donde guardarlos. Potencia las semillas a la luz de la luna llena (para que te llene los bolsillos) diciendo:

*Lo que siembre, echará raíces y crecerá;*
*estas semillas son mi prosperidad;*
*estas semillas son mi abundancia;*
*estas semillas son la providencia de Tike.*

Cuando tengas una necesidad urgente de dinero extra, toma una de cada variedad de estas semillas y espárcelas sobre la tierra, como se hace cuando se siembra. Luego, sólo espera que la oportunidad llame a tu puerta.

## EL ORO DE LOS TONTOS

En México, se considera que la pirita posee grandes poderes para atraer dinero. Coloca dos pedacitos de pirita sobre tu altar o en tu lugar de entretenimiento junto a una vela verde. Moldea un signo de dólar sobre la vela y enciéndela diciendo estas palabras:

*Erzulie, ayúdame en mi necesidad,*
*libérame de mis limitaciones;*
*hoy pido prosperidad.*

Deja que la vela se consuma naturalmente. Conserva una de las piedras en tu hogar para mantener en él la providencia, y lleva la otra contigo para atraer el mejoramiento de tus finanzas.

## EL PAN NUESTRO DE CADA DÍA

Se considera que el pan, como alimento básico para la vida, es un poderoso símbolo de la prosperidad. Nunca cortes tu pan si no deseas cortarle el paso a la abundancia. En vez de esto, pártelo delicadamente.

Los gitanos dicen que llevar un trocito de pan en el bolsillo actúa como un amuleto contra la pobreza. Para reforzarlo aún más, extiende ambas manos sobre el pan y bendícelo diciendo:

*De la prodigalidad de la tierra, recibo*
*y doy la bienvenida a la energía de la abundancia.*

Cómete la mitad del pan. Envuelve el resto en un paño blanco o en una servilleta y colócalo en tu bolsillo. Si el pan se desmigaja, dáselo a la tierra como una ofrenda y prepárate un nuevo amuleto. La fragmentación del pan dispersa la energía, y los pájaros llevarán tus deseos en sus alas.

## EL ZUMBIDO

Los victorianos consideraban que las abejas eran mensajeras entre el cielo y la tierra, por ello solían llevar joyas en forma de abejas como encantamientos para mejorar las finanzas (probablemente por asociación con el mercado de la miel). Usaban también pendientes en forma de peces para la abundancia.

Cualquiera de estos adornos puede funcionar hoy en día a modo de broches, alfileres de corbata, anillos, etcétera.

Toma el encantamiento elegido y déjalo a la luz solar todo el tiempo que desees para suscitar la bendición divina. Entonces, cada vez que te lo pongas di:

*Al ponerme este adorno*
*comenzará la magia de Tike.*
*Que venga la fortuna y llene el bolsillo*
*de prosperidad.*

Lleva este adorno en los días en que necesites un poco de dinero extra (o de una oportunidad para ganarlo).

## PROTECCIÓN DE PEREJIL

Coloca una ramita de perejil o una hoja seca de lechuga en tu billetera. Mientras lo hagas, recita nueve veces este conjuro:

*Que salga menos de lo que entre;*
*aquí comienza la magia de Erzulie.*
*Que la prosperidad permanezca y crezca,*
*que se me facilite la posesión de dinero.*

Si te es posible, repite este conjuro cada vez que abras tu billetera (mentalmente o en voz alta), para no gastar en demasía y para que te entre más dinero.

## ATRACCIÓN MAGNÉTICA

Toma un imán y átalo a un billete con un hilo verde. Mientras enrollas el billete y el imán con el hilo, repite este encantamiento hasta que el hilo esté completamente amarrado:

*Erzulie, atrae el dinero hacia mí;*
*deja que la prosperidad sea un hecho.*

Lleva este talismán contigo regularmente para atraer dinero.

## EL ÁRBOL DEL DINERO

Cuando yo era pequeña, mi madre solía hacerlos para mi cumpleaños. Consistían en una pequeña rama enclavada en arcilla en la que se pegaban y se ataban con cintas monedas y billetes. Puedes confeccionar tu propio árbol mágico del dinero. Es sencillo: adhiere monedas y billetes a una rama cada vez que tengas un poco de dinero extra para ahorrar. Mientras sujetes el dinero en el árbol, ve diciendo:

*Dondequiera que esté este árbol,*
*que crezca el dinero.*

Cada vez que necesites urgentemente un poco de dinero, toma una de las monedas o uno de los billetes del árbol y dale uso o llévalo contigo para que atraiga más dinero.

### Componentes alternativos

Lleva algo dorado, plateado o verde (todos estos colores se asocian con el dinero). Usa o quema esencias aromáticas que atraen la prosperidad, como almendra o banana. Lleva contigo piedras que atraen dinero, como venturina, heliotropo y azabache. Bendice tus tarjetas de banco, chequeras y calculadoras.

Trabaja a la luz solar o los domingos para atraer más dinero a tu vida. La luna creciente y llena, así como el mes de mayo y la luna en Virgo propiciarán el crecimiento de tu dinero. La luna en Libra aumenta las ganancias, mientras que los jueves son afortunados para toda transacción financiera.

## Teniéndolo todo

Todos deseamos que nuestra vida esté llena de satisfacción, salud, felicidad y prosperidad. No hay nada malo en desear lo mejor para uno mismo y para nuestros seres queridos. La idea que se halla detrás de la magia de bolsillo es crear la vibración del éxito y entonces llevar su energía para que nos acompañe por doquier. Por lo tanto, este fetiche está diseñado para ser un centro general de poder que sirva para cualquier propósito y que se pueda energizar y utilizar cada vez que esto sea necesario.

## DESEOS QUE SE CUMPLEN

Toma cualquier tazón grande. Derrite en su fondo varias gotas de cera de velas de diferentes colores y encima de ellas, adherida, una vela blanca. Los diferentes colores representan diversas necesidades y objetivos, mientras que el blanco une en sí armoniosamente toda esta diversidad. Cada mañana, al levantarte, enciende la vela y pon una moneda en el tazón. Piensa en tu deseo para el día. Apaga la vela con un soplo antes de irte de casa.

Cada vez que necesites desesperadamente que se te cumpla un deseo, saca una moneda del tazón y entiérrala en un suelo fértil o lánzala a un agua corriente. Así el mensaje acerca de tu necesidad será transmitido a través de la tierra. Cuando el tazón esté lleno de monedas, úsalas todas menos unas pocas (estas últimas serán las «semillas» que se quedarán para siempre en tu tazón) para llevar a cabo todo tipo de actos de caridad, como proporcionar alegrías a los niños del vecindario o ayudar a una persona sin hogar. Tu generosidad volverá a ti triplicada para hacer que tu magia de bondad, tanto mundana como divina, no te abandone nunca.

## *PARA FINALIZAR*

Mi esposo sería el primero en decirte que yo soy la que siempre tengo un último comentario que hacer sobre cualquier tema. Las ideas que me sirvieron como punto de partida para este libro pueden resumirse en estas palabras: la magia está en todas partes. Está en la salida del sol, en la risa infantil, en el arte inspirado e incluso en los insectos (los verdaderos, los que vuelan, y no como aquel con quien te encontraste en tu última «cita a ciegas»). Lo más importante: la magia está en ti. Incluso si no tienes a mano absolutamente ningún componente, no olvides que ya posees lo que necesitas para extraer el poder de la Diosa del bolsillo de tu corazón: la fe y el amor. Así que, ¡adelante!

# AGRADECIMIENTOS

Mis agradecimientos por haber podido escribir este libro van ante todo a mi hogar y a mi esposo, Paul, por creer en mi visión espiritual única. Reconocimientos adicionales para Jenny, por ayudarme a encontrar un magnífico editor; a Caroline, por apoyarme en la idea de este libro, y a Sally, por actuar como una mensajera de confianza. Vosotros cuatro sois los padrinos de estas páginas.

# ÍNDICE

*Introducción* . . . . . . . . . . . . . . . . . . . . . . . . . . . . . 7

*Llevando la magia dentro* . . . . . . . . . . . . . . . . . . . 11
¡Pienso que puedo, pienso que puedo! . . . . . . . . 13
Un bolsillo lleno de milagros . . . . . . . . . . . . . . 14
Juntándolo todo . . . . . . . . . . . . . . . . . . . . . . . . 22
Botiquín mágico de bolsillo . . . . . . . . . . . . . . . 29
Ayuda y consejos . . . . . . . . . . . . . . . . . . . . . . . 30

*Magia en el hogar* . . . . . . . . . . . . . . . . . . . . . . . . 33
Protección en la despensa . . . . . . . . . . . . . . . . . 34
Brujas de la cocina . . . . . . . . . . . . . . . . . . . . . . 39
Brujerías tecnológicas . . . . . . . . . . . . . . . . . . . . 45
Por toda la casa . . . . . . . . . . . . . . . . . . . . . . . . 51
OP y encantamientos de internet . . . . . . . . . . . 57
Mascotas mimadas . . . . . . . . . . . . . . . . . . . . . . 61

*Magia en la oficina* . . . . . . . . . . . . . . . . . . . . . . . 65
Magia mecánica . . . . . . . . . . . . . . . . . . . . . . . . 67
Dirigiendo a tu director . . . . . . . . . . . . . . . . . . 71

Prevención de intrigas de oficina . . . . . . . . . . . 76
Encantamientos para la eficiencia . . . . . . . . . . 80
Filtros para la promoción . . . . . . . . . . . . . . . . 84

*MAGIA EN LA CARRETERA* . . . . . . . . . . . . . . . . . . . . . . . . 91
Talismanes de viaje . . . . . . . . . . . . . . . . . . . . . 92
Señas equivocadas, rumbo perdido y hallado . . . 101
Auto magia . . . . . . . . . . . . . . . . . . . . . . . . . . . 106
Para cualquier vehículo . . . . . . . . . . . . . . . . . . 112
Presagios de felicidad . . . . . . . . . . . . . . . . . . . 115

*MAGIA EN RELACIONES* . . . . . . . . . . . . . . . . . . . . . . . . . 123
Orientación gitana . . . . . . . . . . . . . . . . . . . . . 124
Encantos para encantar . . . . . . . . . . . . . . . . . 129
Amarrando el nudo . . . . . . . . . . . . . . . . . . . . . 136
Pasión y placer . . . . . . . . . . . . . . . . . . . . . . . . 141
Fiebre de fertilidad . . . . . . . . . . . . . . . . . . . . . 146
Preservando la paz . . . . . . . . . . . . . . . . . . . . . 149

*MAGIA EN TU BOLSILLO* . . . . . . . . . . . . . . . . . . . . . . . . 155
Controlando la salud . . . . . . . . . . . . . . . . . . . 155
Saltando de alegría . . . . . . . . . . . . . . . . . . . . . 161
La ciencia de la buena suerte . . . . . . . . . . . . . 166
Burbujas de amor . . . . . . . . . . . . . . . . . . . . . . 173
Prósperos bolsillos . . . . . . . . . . . . . . . . . . . . . 178
Teniéndolo todo . . . . . . . . . . . . . . . . . . . . . . . 183

*PARA FINALIZAR* . . . . . . . . . . . . . . . . . . . . . . . . . . . . . 185

*AGRADECIMIENTOS* . . . . . . . . . . . . . . . . . . . . . . . . . . 186

# Otros libros de la autora:

## Magia fácil

Usted puede trabajar con la magia. Conjure el amor, la energía, la creatividad y la armonía. Esta completa y divertida guía le proporciona todos los datos que usted necesita para despertar sus poderes mágicos. ¡No necesita preocuparse por el caldero ni procurarse colas de lagartija! Sus instrucciones claras, y fáciles de seguir le conducirán a las bases de los hechizos, pociones, amuletos y rituales que incorporan objetos diarios e ingredientes fácilmente disponibles en la casa, el supermercado o el jardín. Descubrirá herramientas sencillas pero eficaces que le ayudarán a personalizar y a refinar el arte de la magia.

## El gran libro de la magia con velas

La luz de las velas es mágica. Produce una suave calidez y un resplandor a su alrededor, y en sus sombras encontramos una leyenda de sabor antiguo llena de mitos, tradiciones populares, supersticiones y hechizos. *El Gran Libro de la magia con velas* da vida y transmite esta leyenda.